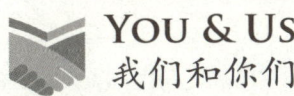

中国和奥地利的故事

卢永华 / 主编

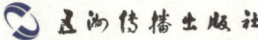

图书在版编目（CIP）数据

中国和奥地利的故事 / 卢永华主编 . -- 北京：五洲传播出版社，2023.5
（我们和你们）
ISBN 978-7-5085-5060-2

Ⅰ . ①中⋯ Ⅱ . ①卢⋯ Ⅲ . ①中外关系－友好往来－奥地利
Ⅳ . ① D822.252.1

中国国家版本馆 CIP 数据核字 (2023) 第 083589 号

中国和奥地利的故事

主　　编：	卢永华
出 版 人：	关　宏
责任编辑：	秦慧敏
装帧设计：	正视文化
出版发行：	五洲传播出版社
地　　址：	北京市海淀区北三环中路 31 号生产力大楼 B 座 6 层
邮　　编：	100088
发行电话：	010-82005927，010-82007837
网　　址：	www.cicc.org.cn www.thatsbooks.com
承　　印：	北京圣彩虹科技有限公司
版　　次：	2023 年 6 月第 1 版第 1 次印刷
开　　本：	787×1092mm 1/16
印　　张：	14
字　　数：	150 千字
定　　价：	56.00 元

前言

  2021年是奥中建交50周年,我作为奥地利前总统表示热烈祝贺。50年来,在双方的共同努力下,两国在政治、经济、科技、文化等各方面的友好合作均取得了长足发展,为两国和两国人民都带来了实惠。奥中关系的发展,是不同文化历史、社会制度和经济发展阶段的国家友好合作的典范。希望今后双方友好合作关系更上一层楼。

  获悉中方五洲传播出版社将为此出版纪念文集,我表示祝贺。

奥地利前总统、奥中友协主席 海因茨·菲舍尔

2021年2月

序

2021年是中奥建交50周年。我对此表示热烈祝贺！

50年前，中奥领导人以其战略远见和智慧，从两国人民的利益出发，决定建立外交关系，开启了两国友好交往的新篇章。50年来，在双方共同努力下，中奥关系长足发展，取得了丰硕成果。

高层互访和联系密切，政治互信不断加强。特别是2018年习近平主席会见共同访华的范德贝伦总统和库尔茨总理，两国建立友好战略伙伴关系，指明了未来发展方向。

经贸投资、技术合作不断深入和扩大。中国已是奥地利第四大贸易伙伴，近千家奥地利企业在中国落户。奥地利积极支持并参与"一带一路"倡议，中欧班列促进了中奥产品双向流通。

人文交流蓬勃发展。维也纳与五个中国城市有直航，中国每年访奥游客超过100万人。维也纳爱乐乐团、中国中央民族乐团等两国高水平音乐艺术团组互访。奥地利还为中国举办2022年冬奥会培养运动员、教练员，提供设备、经验。

中奥两国在重大国际热点问题上有着相同或相近的看法，在联合国等国际组织中保持着密切沟通与合作，在抗击新冠肺炎疫情过程中团结互助、共克时艰。

当今世界正经历百年未有之大变局，新冠肺炎疫情使这个大变局加速演变。经济全球化遭遇逆流，保护主义、单边主义上升，各国生产生活面临前所未有的挑战和考验。同时，人类已经进入你中有我、我中有你的新时代，各国利益密切相关、命运紧密相连。全球性威胁和问题需要强有力的全球性应对。中国与奥地利有着广泛的共同利益，奥地利是中国在欧洲的重要合作伙伴。我相信，中奥两国将以建交50周年为契机，回顾过去、规划未来，再接再厉、携手共进，推动两国双边关系不断取得新成果，迈上新台阶，造福两国人民及全世界！

李晓驷

中华人民共和国驻奥地利共和国特命全权大使

序

　　五洲传播出版社在几年前业已开始的系列图书"我们和你们"框架中，如今将再添《中国和奥地利的故事》分册，我对此感到非常高兴。这是一个很好的机会——由来自各个不同领域的不同人士，从各自角度来介绍奥地利以及奥地利与中国关系，并向众多读者加以推介。

　　2021年，奥地利和中国迎来两国建立外交关系50周年。在过去的半个世纪里，双边关系在所有领域均取得了长足发展，达到了一个新的高度。中国已成为奥地利最重要的贸易伙伴之一。两国之间的访问交流非常频繁。2019年，中国到奥地利的旅游人数高达100多万。不仅如此，双方在进一步发展合作上仍然存在着巨大潜力。

　　虽然新冠肺炎疫情给奥中交流带来了一定影响，但并没有伤害到双方关系的继续发展。疫情期间，两国相互提供救援物资，互相支持，两国友谊得以加强。我相信，疫情之后，奥中双边关系和合作将继续发展，两国人民之间的友谊将进一步加深。

石迪福
奥地利共和国驻华大使

目 录

◎ 前言 / 海因茨·菲舍尔 | 003
◎ 序 / 李晓驷 | 005
◎ 序 / 石迪福 | 007

出使篇

◎ 李晓驷：中奥合作抗击新冠肺炎疫情纪实 | 012
◎ 石迪福：纪念奥地利和中国建交 50 周年 | 024
◎ 王庆余：我所经历的中奥建交纪实 | 032
◎ 杨成绪：细浪冲沙：逐步发展的中奥友好关系 | 040
◎ 卢永华：我与几位奥地利领导人结下的情谊 | 051
◎ 史明德：相知无远近，万里尚为邻 | 068
◎ 赵彬：难忘在奥地利的几件事 | 080

开拓篇

◎ 约瑟夫·迈尔：奥中经贸关系 50 年 | 090
◎ 杨一峰：我在奥地利从事科技合作 | 092
◎ 孙书柱：行进在路上——我经历的一些中奥文化交流事项 | 108
◎ 吕宏伟：纪念罗生特 | 120
◎ 玛格丽塔·格里斯勒·赫尔曼：我与中国
　　——一位维也纳女汉学家在奥中建交 50 周年之际的感怀 | 127
◎ 布利吉特·温克琳娜：25 年教育领域合作结硕果 | 131

交流篇

- 彼得·魏特曼：缘分 | 140
- 李夏德：我与孔子学院结缘 15 年 | 145
- 胡君亶：我给卡拉扬当翻译 | 149
- 常恺：音乐之都维也纳的金色回响
  ——纪念中奥建交 50 周年及维也纳中国新年音乐会 20 周年 | 156
- 倪铁平：民间外交结硕果——记旅奥侨领倪铁平 | 167
- 何源恒：我的奥地利好友司利华先生 | 174
- 马世吉：奥镁——铸就中奥合作典范 | 178

游历篇

- 冯骥才："钻进你们的肚皮！"——《乐神的摇篮——萨尔茨堡手记》序 | 188
- 冯骥才：维也纳生活圆舞曲 | 191
- 叶廷芳：古城的魅力 | 203
- 叶廷芳：亲切的历史证物——奥地利古代民间建筑露天博物馆参观随想 | 206
- 航鹰：葡萄酒之路通向巴登 | 209
- 航鹰：SOS 儿童村总部的"爸爸" | 212
- 刘光耀：游美泉宫话旧 | 215

- 后记 | 223

出 使 篇

> 李晓驷：中奥合作抗击新冠肺炎疫情纪实
> 石迪福：纪念奥地利和中国建交 50 周年
> 王庆余：我所经历的中奥建交纪实
> 杨成绪：细浪冲沙：逐步发展的中奥友好关系
> 卢永华：我与几位奥地利领导人结下的情谊
> 史明德：相知无远近，万里尚为邻
> 赵彬：难忘在奥地利的几件事

中奥合作抗击新冠肺炎疫情纪实

李晓驷（中国驻奥地利大使）

历史必定记住 2020 年。世界面临百年未有之大变局，中华民族伟大复兴处于关键时期。新冠肺炎疫情全球大流行给世界各国经济、社会及国际关系带来严重冲击。我作为第 12 任中国驻奥地利大使，亲身经历了中国和奥地利合作抗击疫情的难忘过程。两国和两国人民相互关心、相互支持、团结一致、共克时艰，必将成为中奥关系史中弥足珍贵、值得传颂的一段佳话。

2019 年底、2020 年初中国武汉报告疫情的时候，欧洲和奥地利还沉浸在圣诞节及新年的喜庆祥和气氛之中。2020 年 1 月 10 日，我在维也纳举办了使馆华侨华人春节招待会。此后几天，我出席了范德贝伦总统为驻奥使节举行的新年招待会、维也纳华人春节晚会和奥中友协春节聚会。使馆也准备安排春节聚餐、放假休息。然而，就在这些天里，国内不断传来疫情加重的消息，感染人数持续增加，医院床位趋于紧张，口罩、防护服、护目镜、消毒水等医用物资告急。1 月 23 日，武汉决定"封城"。与此同时，西方媒体开始大量报道炒作，其中不乏隔岸观火、幸灾乐祸的评论和画面，一些人甚至又开始叫嚣"中国即将崩溃"。我的心随之揪了起来。使馆虽离祖国万里之遥，但我们每一位外交人员的脉搏始终与祖国和人民一起跳动，当国家处于危难之中，我们决不能等闲视之、袖手旁观。我想，奥地利医疗水平发达、应急经验丰富，如果能从奥地利募集到一批口罩支援武汉，既能

出使篇

为解国内燃眉之急出一份力,又能表明奥地利对中国的传统友好情谊,可谓一举两得。1月25日中国春节当天,我通过奥中友协,了解有没有办法可以帮助中国。

没过多久,我就接到奥地利前总统、奥中友协主席菲舍尔的电话。他向我表达了对中国疫情的深切关怀和慰问,表示会尽快帮助联系奥有关部门,积极施加影响,争取尽早向中方伸出援手。随后,他发来在家中录制的一段致中国人民的问候视频,表示:"我们与中国人民患难与共,奥地利将竭尽所能提供帮助,我本人也与奥地利相关部门进行了联系。我们深信,只要各方团结一致,共同努力,就一定能尽快控制并最终战胜疫情。"他还代表奥中友协给我写信表示:"中国在危急时刻并不孤单,奥中友协已经行动起来,开始募集资金采购急需的医疗物资捐给中国。"疫情期间,菲舍尔先生始终与我保持"热线联系",共同出主意、想办法,帮中国筹措医用防护物资。在个别媒体炒作涉华负面消息的时候,他还主动在《维也纳日报》上撰文,呼吁公正客观看待和报道中国。菲舍尔先生和奥中友协对中国和中国人民的真挚感情和真诚帮助深深感动了我。

2020年2月,奥地利前总统菲舍尔录制视频支持中国抗击疫情并对中国人民表达问候

2020年1月,李晓驷大使在奥地利政府举行的新年招待会上与奥地利总理库尔茨会谈

1月27日,我应邀出席库尔茨总理为驻奥使节举办的新年招待会,这是他2019年10月提前选举获胜后首次集体会见驻奥使节。我抓住与他及新任外长沙伦贝格单独合影的机会,向他简要介绍了中方疫情最新情况和医疗物资短缺的困难,明确表示希望奥方提供政府援助。库尔茨总理当即表示:"明天内阁将会讨论这个问题。"接下来的几天,奥官方释放了许多积极信号。范德贝伦总统和库尔茨总理分别致信习近平主席和李克强总理,表达对中国人民的同情和慰问以及对中方抗击疫情的支持,表示"在当前困难时刻,奥地利与中国站在一起"。2月14日,库尔茨总理和沙伦贝格外长在慕尼黑安全会议期间会见中国国务委员兼外长王毅时,再次强调了对中国抗疫的支持。2月23日,奥政府牵头汇总的奥地利、匈牙利、斯洛文尼亚、捷克四国政府援助中国的医用物资通过货运包机从维也纳运往武汉。奥经济部长施拉姆伯克还举办中奥应对新冠肺炎疫情经济影响圆桌会议并邀我共同出席,她高度评价中国政府应对新冠肺炎疫情措施及取得的明显成效,祝愿中方早日战胜疫情。奥地利驻华大使石迪福也在北京通过视频表示:"我在此艰难时刻与中

2020 年 2 月，奥地利联邦政府向中国提供的紧急医疗防护物资启运

国及中国人民站在一起。我对武汉和中国其他省区奋战在抗击新冠肺炎一线的医务工作者表示崇高敬意，他们为救助他人作出了不可想象的贡献。我坚信中国很快就能阻止并战胜疫情。奥地利愿为此一起努力。"

在个别西方政客和媒体渲染下，奥社会上出现一些歧视中国人、亚洲人现象，在他们眼里，似乎每个中国人、亚洲人都带着病毒。一些侨社也担心疫情传播而取消了春节联欢活动。1 月 31 日，维也纳市长路德维希坚持如期举行一年一度的中国春节招待会。他在致辞中表示："越是在困难的时期，我们越要团结一致，共同应对。我如期举行春节招待会，正是要体现维也纳与中国团结在一起，小小的病毒不会使我们分离。中国在防控疫情方面采取的措施堪称典范。"他还以个人名义向奥中友协捐款 1000 欧元，身体力行助中国抗疫"一臂之力"。

奥民间各界也通过不同方式为中国加油打气，提供支持。维也纳爱乐乐团团长弗罗绍尔在给中国人民的一段祝福视频中表示："我们坚信中国所做的努力和采取的措施能够让疫情及其影响尽快过去，我们还记得曾经在武汉举办过音乐会，武汉人民热情大方且热爱音乐。希望你们保持健康，我们在维也纳为你们鼓劲，武汉加油！"维也纳交响乐团为中国制作了音乐视频，用其享誉世界、深入人心的交响乐演奏寄托对中国的关心与问候。奥地利著名钢琴家布赫宾德通过视频向奋战在一线的中国医务工作者表达敬意，祝福武汉早日渡过难关。奥合国际银行等奥企业、中国工商银行和中国银行等中国企业在奥分支机构很快行动起来，旅奥侨胞、留学生也纷纷为祖国奔走忙碌、出钱出力，多方筹措医用物资支援国内抗疫前线。奥普通民众对中国的同情和关切亦是源源不断。国内疫情暴发后的首个周末，我的手机几乎被奥地利友人"打爆"，接到的电话和短信中满是真挚的关怀和问询。使馆也经常收到鼓励和祝福中国早日战胜疫情的信件、邮件和电话。令我印象尤为深刻的是，一位素不相识的奥地利人给使馆寄来333欧元捐款，在附信中表达了对中国抗疫努力的肯定与支持，信封上还贴着印有"武汉加油"字样的特制邮票。为了感谢这位好心人，我们想方设法找到了他，原来是一位在维也纳大学孔子学院学习中文的老先生，他说他热爱中国语言和文化，一直关心、关注中国疫情并被我们的抗疫斗争精神深深感动。他在给孔子学院的一封信中写道："中国人民是英雄的人民，无论老少、贫富，都在全力迎战威胁、对抗病毒。"还有一对奥地利夫妇在国内急缺防护物资的时候，亲自给使馆送来100个口罩，没有留下姓名和联系方式就默默地走了。333欧元、100个口罩本身并不多，但却承载着奥普通民众沉甸甸的爱心和友谊。使馆一刻也不敢耽搁，很快，这笔钱款和这批口罩就连同其他援助物资一起发往了武汉抗疫一线。

转眼到了3月，在中国人民万众一心团结奋战和国际社会的支持下，国内抗疫斗争取得了明显成效，疫情逐渐稳定下来。然而没有料到的是，

出使篇

2020年2月，奥地利友人用"武汉加油"邮票寄来333欧元捐款支援中国抗击疫情

此时的欧洲又笼罩在疫情阴云下，成为新的"重灾区"。"投之以木桃，报之以琼瑶"。中国人重情讲义。在中国遭遇困难的时候，奥地利帮助过我们；现在奥地利陷入危机，我们一定要加倍回报。正好，奥外交部秘书长给我打电话请求中方提供援助，我立即报告国内。3月17日，国务委员兼外长王毅致信奥外长沙伦贝格表达中方慰问与支持，后又于4月28日同其通话就加强抗疫合作进行沟通。3月27日，李克强总理同库尔茨总理通话，表示中方坚定支持奥方抗击疫情的努力，愿提供力所能及的帮助，继续为奥方在华采购和运输医疗物资提供便利。3月28日，商务部长钟山与奥经济部长施拉姆伯克通话，落实中奥总理重要共识。4月15日下午，载有中国政府援助奥地利防疫医用物资的奥航飞机经过10多个小时飞行，顺利抵达维也纳机场。这批援助包括口罩、防护服、隔离眼罩、外科手套等奥方急需防疫物资。包装箱上的中奥两国国旗和"团结一致，共克时艰"字样格外醒目。奥总统范德贝伦发表推文感谢中方支持并表示："只有携起手来共同努力，我们才能战胜这场危机。在此艰难时刻，奥地利和中国相互帮助、彼此支持。"奥总理

库尔茨和奥外交部也分别在推特上向中方致谢。

3月中旬,奥地利开始实行严格的防控举措,包括在超市、办公区域等室内公共场合必须戴口罩等。奥政府防护物资储备不足,特别是口罩缺口很大。奥外交部秘书长给我打电话,希望中方为他们在华采购和运输物资提供便利。在疫情防控形势仍未放松的情况下,国内各相关部门通力合作,协助奥方架起一座连接中奥、运输抗疫物资的"空中桥梁"。这座"空中桥梁"的首次飞行至今令我记忆犹新:那是一个周末的晚上,我正准备休息,突然接到使馆同事的电话,称奥方紧急联系我馆寻求帮助——奥地利政府计划派奥航包机前往厦门市,接运在中国采购的防护物资,但尚未取得中方飞行许可。此时距离奥方预定的起飞时间只剩下十几个小时,更何况国内与奥地利有6个小时时差,且正值周末!面对这个"不可能完成的任务",我们来不及犹豫和纠结,也顾不上时差和压力,立即收集整理相关信息,向国内主管部门报告情况、寻求支持。国内各方迅速反应、积极配合,争分夺秒开展工作、化解难题,抢在飞机起飞前打通了所有环节。飞机在厦门降落后,厦门市相关部门在"第一现场"倾力相助,为奥政府包机提供必要便利,并在确保疫情防控安全的前提下给予机组人员悉心照顾。从市政府外事办公室到机场,再到出入境边防检查站等各单位各部门,参与接待的同志们牺牲了周末时间,不辞辛劳、不畏困难,协调解决了奥航机组入境隔离、防疫物资装载清关等一系列问题。他们热情、细致、周到的工作获得奥方的一致赞誉。此后,奥方相继派出80余架次货运包机,从中国运回1500余吨医用防护物资。奥总统、总理在推特发文给中方的大力支持"点赞",奥媒体对中国给予的帮助作出高度评价,很多奥民众给中国使馆来信留言表示衷心感谢。

中国地方各级政府也积极主动向奥方提供援助。来自上海、江西、江苏、浙江、四川等地的抗疫物资被分发至奥公共机构和普通民众手中,传递着中奥友城间同舟共济、守望相助的深情厚谊。维也纳22区区长内夫里维收到浙江省丽水市青田县政府的物资援助后复信表示:"在中国政府出色的组织安排和广泛有效的抗疫举措下,中国成功应对了疫情带来的公共安全挑战。贵县向我们捐赠防护口罩,堪比雪中送炭。在这个特殊的时期,贵县给予我们的支持和帮助对我们至关重要,我们永远不会忘记。"维也纳市政府外事部门一名工作人员向我们讲述了她的亲身感受:"在中国疫情发展初期,成都市曾主动联系我们寻求物资支援,然而当时维也纳市口罩储备不足,我们虽然想尽办法但最终未能筹集到充足物资,为此深感遗憾。疫情席卷奥地利时,成都市却主动给我们寄来了大批口罩,帮助我们解决燃眉之急。真正的朋友就是这样:坦诚相待、慷慨相助。正是这次疫情见证并加深了我们同中国的密切合作和深厚友谊。"在奥中资机构、旅奥华侨华人打满了国内抗疫"上半场",又在奥地利抗疫"下半场"发挥了积极作用,协助联络国内资源、筹措防护物资,为奥抗击疫情贡献自己的力量。

与此同时,中国使馆没有忘记曾经寄来333欧元的那位奥地利老先生,在奥疫情暴发后特地按照来信地址给他寄去口罩,以表感谢和关照。

2020年4月,江西对奥物资援助运抵维也纳

2020年4月,中国政府向奥地利提供防疫医用物资援助

2020年5月,浙江省青田县对奥物资援助运抵维也纳

2020年5月,南京市鼓楼区对奥物资援助运抵维也纳

很快，使馆就收到他的回复。他在来信中向我们真诚致谢，并表示自己已经用上了我们寄去的口罩，还把剩余口罩分发给其他有需要的人。你来我往间，我们与这位老先生虽然仍旧未曾谋面，却已不知不觉成了亲切热络的"老朋友"。使馆在网上分享了与他的故事后，许多中、奥读者深深为之感动。我们与奥民间友人因口罩而加深的"缘分"还不止于此。2月初，我曾接受一位奥退休老先生的邀请，出席了由他组织的一场"一带一路"主题对话会并作报告。奥疫情加剧后，这位老先生写邮件给使馆，表示自己在当地买不到口罩，询问使馆可否给他一些口罩救急。考虑到对方年事已高、确实需要帮助，我请使馆同事专程给他送去一些防护口罩和消毒洗手液。同事回来后告诉我，老先生收到口罩时激动地连连道谢，说自己只是抱着试一试的心态联系了使馆，没想到真的收到了回应，"我一辈子都不会忘记你们的善举！"我为此由衷感到欣慰。疫情虽然带来诸多不便和不幸，使人们被迫保持社交距离，却也让我们通过点滴小事拉近了心灵的距离。

随着疫情在奥地利蔓延，我认识的人中逐渐出现了感染者。一名曾经采访过我的奥地利国家广播电视台记者发短信告诉我，她的丈夫不幸感染了新冠肺炎，经过两周治疗后仍然没有好转，字里行间充满恐慌和焦虑。她不断给我打电话，问了我很多问题，比如这种情况严不严重、危不危险，中国有没有特效药物或特殊疗法，以及有什么办法可以帮助他的丈夫缓解病情等。这些问题我都无从回答。我想，她一定也清楚，我不是医生，更不是病毒学专家，无法给出专业的意见和指导。但我非常理解她的心情，能够想象她该有多么慌乱和无助，才会向我"病急乱投医"。此时我更真切地体会到，病毒无国界，即使是在生活条件如此优越、医疗事业如此发达的奥地利，一个人面对突如其来、前所未见的病毒时，也是那么渺小、脆弱、无能为力。危难关头，我尽可能地安慰她，劝她不要胡思乱想，要相信并遵照医生指示，安心观察病情。我还把从国内看到的一些积极的案例分享给她，鼓励她乐观、冷静应对。几天后，她如释重负地告诉我，她的丈夫终于转危为安，并激动地感谢我能够耐心倾听她的苦恼并给她以热心疏导。我也很欣慰，即使不见面，也能通过这种方式给予她温暖和力量。这只是一个很小的插曲，但它也反映出，中奥友好不仅体现于抗疫合作，更体现于精神支持。我们在困难和危机之中并非孤立无援。

在疫情中，中奥两国一直保持密切沟通与合作，共同致力于重振经济、逐步恢复经贸和人员往来、维护产业链供应链稳定并取得积极进展。

中方协助奥方架起连接中奥的"空中桥梁"，运输防疫物资

2020年10月，奥航恢复维也纳与上海直航航班。维也纳至西安和林茨至青岛的货运列车顺利开行。中国驻奥使馆还为奥返华复工人员开设签证绿色通道。此外，中奥病毒学家、医生也通过视频会议进行了经验交流，两国在药品研发等方面开展了深入合作。

烈火炼真金，患难见真情。在共同抗疫中，中奥传统友谊经受住了二战结束以来最严重的全球性灾难的考验，这对未来两国关系发展将产生积极、深远影响。中奥在共同抗疫中用实际行动加强国际合作、深化传统友谊、夯实战略伙伴关系，谱写了两国凝心聚力共渡难关的珍贵篇章，也掀开了中奥关系良好发展新的一页。2021年是中奥建交50周年，相信在双方共同努力下，中奥各领域合作将迎来更大发展，不断迈上新的台阶！

纪念奥地利和中国建交50周年

石迪福（奥地利驻华大使）

2021年5月28日，我们庆祝了奥地利和中国建立外交关系50周年。这是一次回顾两国关系发展历程的极好机会。

我在开始谈及当前的双边关系之前，想简单地回顾一下奥中两国关系的历史。我们两国都拥有悠久的历史，但中国的历史比奥地利的历史还要长几千年。

哈布斯堡家族从1278年开始统治奥地利，直到1918年第一次世界大战结束。这个家族当时的政治影响和势力不仅在于他们统治着奥地利，还在于他们的家族成员（除少数例外）同时出任神圣罗马帝国的皇帝，直到1806年。

奥匈帝国和中国清王朝于1869年建立了外交关系，并在上海设立了第一个外交代表机构，后于1896年在北京设立奥驻华公使馆。奥匈帝国驻北京的最后一任公使讷色恩（Arthur Rosthorn）是一位中国"粉丝"，他非常热爱中国、中国人民和中国的语言及文化。1917年，奥驻华公使馆关闭。当时中国已经向奥地利宣战，但在讷色恩离开时，中国人还是以礼相待，隆重地送别了他。这座古老的奥匈帝国公使馆至今还保留完好，现在是中国国际问题研究所的所在地。第一次世界大战后，奥匈帝国解体。奥地利当时是一个贫穷的国家，人口从帝国原来的5400万缩减至不到700万。

在两次世界大战期间，奥地利没有能力维持在中国的代表机构，尽管如此，还是有一批奥地利人在中国工作，如雅各布·罗森菲尔德（Jakob Rosenfeld，又名罗生特）医生和海因里希·冯·杰特玛（Heinrich von Jettmar）医生。特别是杰特玛医生，在与瘟疫的抗争中赢得了声誉。著名的维也纳社会民主党政治家朱利叶斯·坦德勒（Julius Tandler）也曾于20世纪30年代来到中国，并在中国建立了孕妇咨询中心和医院。

中国方面，1931年，有一批来自浙江警校的年轻学生到奥地利进行为期三年的培训。

第二次世界大战后，奥地利于1949年3月重新向中国派遣了一名外交代表——施德复（Felix Stummvoll）医生。施德复精通汉语，因他40年前曾作为奥匈帝国的领事在中国工作过。施德复于1950年1月结束了在南京和上海的工作，因为他当时已经到了退休年龄。

即使在两国之间没有正式外交关系的20世纪50年代，中国一些著名人士也到访过奥地利：孙中山的遗孀宋庆龄作为中华人民共和国中央政府副主席于1952年参加了在维也纳举行的"世界人民和平大会"；后担任中共中央总书记的胡耀邦于1959年来维也纳参加了世界青年艺术节。奥地利企业代表自1956年开始频繁到访中国，并签订了大笔订单，如斯太尔-戴姆勒-普赫公司向中国出口汽车。中国还参加了1956年的维也纳国际秋季交易会，中国馆当时赢得了广泛的关注。

首次对中国进行正式访问的奥地利官方代表是后来成为外交部长的卢乔·汤西奇-索里尼（Lujo Toncic-Sorinj）。1957年，他以国民议会外交政策委员会发言人的身份访华，并受到了周恩来总理的接见。

1964年，奥地利商会与中国贸促会（CCPIT）签订了三项协议，并于1966年在北京开设了商务代表处。

1970年1月，奥地利驻罗马尼亚大使告诉中国驻罗大使，奥地利愿意与中国建立外交关系。在得到北京的积极回复后，两国经谈判于1971年5月28日正式建立了外交关系，并在同年互相派遣了第一任大使。奥地利驻华大使馆在1972年春天迁入新馆办公，直至今天。

两国建交后的首场文化盛事是维也纳爱乐乐团在北京和上海的演出。1973年4月，在年轻的指挥家克劳迪奥·阿巴多（Claudio Abbado）的指挥下，他们演奏了贝多芬的《英雄》和莫扎特的《木星交响曲》。

首位访华的奥地利外交部长是鲁道夫·基希施莱格（Rudolf Kirchschläger）。他于1974年访问中国，几个月后当选为奥地利联邦总统。

在中国的支持下，时任奥地利外交部长库尔特·瓦尔德海姆（Kurt Waldheim）于1971年12月当选联合国秘书长。中国同时支持奥地利争取联合国在维也纳设立第三个总部的努力。

1985年，基希施莱格以奥地利联邦总统的身份访问中国，这是奥地利国家元首对中国的首次国事访问。之后，托马斯·克莱斯蒂尔（Thomas Klestil）总统于1995年和2001年两次访问中国，菲舍尔总统也分别于2010年和2015年访问中国。最近的一次是2018年亚历山大·范德贝伦总统访华，这是一次非常特别的国事访问——由奥地利联邦总理塞巴斯蒂安·库尔茨和其他4位政府成员以及250人组成的超高级别代表团陪同。在这次国事访问中，两国建立了"友好战略伙伴关系"，并共同签署了《关于未来就共建"一带一路"倡议开展合作的联合声明》。

中国方面，江泽民主席于1999年、胡锦涛主席于2011年对奥地利进行了回访。我们希望习近平主席不久能够访问奥地利。

奥地利欢迎习近平主席发起的"一带一路"倡议，奥地利企业对共

2020年9月21日,石迪福出席在北京举办的2020年和苑和平节

2020年9月,中欧班列首次满载奥地利兰精公司(Lenzing)产品抵达西安。图为石迪福出席活动并发表讲话

同进行基础设施建设具有浓厚的兴趣。2018年4月，首趟从成都到维也纳的中欧班列开始发出；2020年9月，中欧班列首次满载奥地利兰精公司（Lenzing）产品抵达西安。为表达奥地利的诚意，2019年4月，联邦总理库尔茨应李克强总理的邀请，参加在北京举行的第二届"一带一路"国际合作高峰论坛，并进行了双边正式会谈。在这次访问中，双方签订了一系列协议，其中包括关于第三方市场合作的谅解备忘录。奥地利和中国企业希望共同在第三国加强基础设施建设领域的合作。这方面已经有了先例，如共同在老挝、柬埔寨和白俄罗斯开展的水力发电站项目。

此次访问还签署了关于大熊猫饲养和保护的协议。奥地利非常感谢中国在2003年以租借的形式提供给维也纳美泉宫动物园一对大熊猫，并视之为两国友谊的象征。美泉宫动物园在熊猫的繁殖和饲养方面属于最成功的动物园之一，这里诞生了5只熊猫宝宝，它们先后被送回了中国。

第一只雄性大熊猫死于癌症之后，奥地利在2019年5月又获得了一只租借的雄性大熊猫，在中国全国人大常委会委员长栗战书访问维也纳期间完成了大熊猫交接仪式。

我们两国友好省份之间交往频繁：奥地利上奥地利州代表团于2019年10月中旬访问了四川省和山东省，中国黑龙江省省长在2019年5月访问了其友好省份萨尔茨堡州。

中国对奥地利的重要性还体现于，奥地利在中国设有最多的外交代表机构——除在北京的大使馆外，还在上海、成都、广州和香港设立了总领事馆。奥地利驻华使馆于2004年增设了文化处，2012年又开设了科技处。

近年来，奥中两国的经济关系蓬勃发展。中国是奥地利在亚洲最大的贸易伙伴，奥中之间的贸易额遥遥领先于奥地利与其他国家的贸易额（超过日本3倍，超过韩国6倍）。截至新冠病毒全球大流行前，奥中双边贸易发展良好，2019年的贸易额为143亿欧元（奥对中进口额为98亿，出口额为45亿）。目前，有950多家奥地利企业活跃在中国，奥地利对华投资额超过40亿欧元。新冠肺炎疫情导致了双边贸易受到严重影响，希望这个情况持续的时间不会很长。

奥地利企业在环境技术、水资源管理、水处理和垃圾处理领域拥有大量的技术诀窍，在奥地利环境保护中发挥着重要的作用。奥地利和中国都是全球气候变化协定《巴黎协定》的强力支持者。

旅游业的发展成就也非常令人喜悦。2019年，有100多万中国游客访问了奥地利。除北京、上海与维也纳之间有定期航班外，广州、深圳与维也纳之间也开通了航班。我们希望能够尽快控制新冠肺炎疫情，恢复正常的空中交通。

近年来，中国发展成了一个真正的科研大国。奥地利积极扩大与中国的科技合作，有一个成功案例是在量子通信领域的合作。中国著名量子物理学家潘建伟教授是奥地利物理学家安东·齐林格（Anton Zeilinger）教授的学生。奥地利对中国的科技创新发展方向如电动汽车、人工智能、智能工厂、初创企业、金融科技和纳米技术等具有极大的兴趣。

2022年，中国在北京和张家口举行冬季奥运会，开辟了奥中两国合作的一个新领域。奥地利虽然在国土面积上只是一个小国，但在冬季滑雪运动领域却是一个大国。奥地利冬季运动企业在中国十分活跃，奥中在培训高山滑雪运动员方面也有合作，中国滑雪队员还定期在奥地利进行集训。

文化交流方面，许多奥地利乐团——首先是维也纳爱乐乐团，定期来中国登台演出。奥地利驻华使馆文化处还在努力将视觉艺术、实验音

石迪福大使出席2020国际冬季运动(北京)博览会开幕式暨主论坛并致辞

乐和舞蹈方面的奥地利当代艺术推向中国。

两国高校之间的合作潜力也不容忽视。奥地利学术交流中心（ÖAD）与使馆一起努力促进两国学生和教授交流。他们在上海设立了一个代表处，有一名代表主持工作。此外，奥地利还建立了欧亚太平洋大学联盟，中国和奥地利研究机构也定期进行联合招标。目前，奥地利约有1500名中国留学生，中国约有300名奥地利留学生。令人欣喜的是，两国之间的教授和科学家交流，特别是在自然科学领域的交流越来越频繁。

1995年，奥地利加入欧盟。作为一个小国，加入欧盟对奥地利非常有益，尤其在国际谈判中，欧盟是个更强劲的谈判伙伴。随着欧盟的东扩，邻国斯洛文尼亚、匈牙利、斯洛伐克和捷克共和国加入欧盟，奥

出使篇

2020年9月19日,石迪福向奥籍华人颁发国际文化交流特别奖

地利不再像1990年之前或东欧国家加入欧盟之前那样处于边缘位置,维也纳再次成为欧洲区域的中心。

  作为大使,我非常幸运处在这样一个好时期——奥中两国的关系从未如此紧密,各个层面的交往从未像今天这样频繁。对于奥地利而言,中国在政治、经济、贸易、环境保护、文化和科学领域都是一个非常重要的伙伴。即使我们不可能在所有问题上都有相同的看法,但我们始终相互尊重。在《中华人民共和国和奥地利共和国关于建立友好战略伙伴关系的联合声明》中确定的定期进行政治磋商的机制,将有助于我们更好地了解彼此的立场。朋友之间应该无所不谈,所有的问题应该敞开心扉友好地进行磋商。

  我坚信,在未来50年中,奥中两国的关系将会更加紧密,更加生机勃勃。我祝愿奥中两国在和平与稳定中继续繁荣发展,两国人民富裕安康。

我所经历的中奥建交纪实

王庆余（中国前驻荷兰大使）

建交谈判与公报

中国与奥地利于 1971 年 5 月 28 日建交。谈判是在罗马尼亚首都布加勒斯特由双方驻罗大使（中方是张海峰大使）主持进行的。由于奥地利在台湾问题上没有什么纠葛，比较容易接受中方的建交基本原则，谈判进展相当顺利，很快就达成一致。谈判是用英文进行的，由中国的徐次农同志担任英文翻译，但是最后的建交公报只能各自用中文和德文书写。当年，中国驻罗使馆没有懂德文的同志，于是外交部电令我驻民主德国使馆派一名会德文的同志立即赴布加勒斯特，对奥方提供的公报德文文本对照我方中文文本进行审核。于是，使馆通知我立即做准备，第二天就出发。抵达布加勒斯特后，我首先拜见并聆听了张海峰大使的指示，然后开始同徐次农同志一起工作。他向我介绍了谈判的经过和情况后，下面的事就是我的了：审核公报的中德文本。我核对过两种文本后，既没有发现错误，也没有找到不一致的地方。向张大使汇报后，我的任务就算完成了，第二天就返回了柏林。

这里有个小插曲：在 2011 年奥地利驻华大使馆举行的纪念中奥建交 40 周年招待会上，我遇到奥外交部特派前来参加此次活动的代表团团长，谈话间不经意地提起了这段往事。这位奥方朋友突然变得兴奋不已，紧紧地握着我的手说："当年在奥地利外交部处理这件事的就是我。

40年后，我们能在这里巧遇，这个世界真的是太小了！我感到十分高兴！"他随即给了我一张名片和一个紧紧的拥抱。后来，他在招待会的正式讲话中还专门讲到这段往事。

还有一个巧合：当年主持谈判的奥地利驻罗马尼亚大使汉斯·塔勒贝尔格（Hans Thalberg）先生后来来到中国，成为奥地利第一任驻华大使。

陪同王越毅大使赴任

1971年9月，我陪同王越毅大使，经莫斯科飞抵维也纳。在机场迎接的队伍中，为首的是奥地利外交部礼宾司司长，还有奥方各界头面人物、我驻联合国机构代表、华侨华人，以及我驻奥地利商务处的同志，气氛隆重热烈。

事后汇总的情况表明，奥地利各界对新中国普遍是友好和欢迎的，早就对中国大使的到来翘首以盼；对中国的古老文化普遍持尊重的态度，愿同新中国开展各个方面的交往。

递交国书

王越毅大使之所以赶在9月初到任，目的就是要赶上国庆招待会，因为这是中奥建交后的第一次国庆招待会，格外重要。在此之前，必须要完成一系列更加急迫的任务：安排递交国书；拜会内阁的重要部长、重要社会机构和知名人士、各界对华友好的朋友、重要和友好国家的大使。在这半个多月时间里，我陪着大使几乎天天在外边跑，熟悉了一些重要面孔，这对我后来的调研工作是颇有裨益的。

第一个拜会的大人物当然是外交部长基希施莱格。这是一位个子高高、身材修长的资深外交官，讲话慢条斯理。他本人是无党派人士，但与总理克赖斯基不仅政治理念一致，而且私人关系也非常好。在前不久社会党重新组阁后，他就顺理成章地被委以外交部长的重任（后来在约纳斯总统逝世后被选为总统）。王越毅大使向他递交了国书的副本后，双方就当前的国际和欧洲形势简短地交换了意见。外长对奥中友好关系的发展前景充满信心，并表示他所在的外交部的每一扇门对中国大使都是敞开的。最后，他还对中国的古老文明和灿烂文化表达了无比钦佩之情。

此后过了不到一周，递交国书的时间就安排下来了。那天，王大使在宋恩繁参赞、秦镜商务参赞、蔺海成和我的陪同下乘坐奥方提供的豪华轿车前往总统府霍夫堡（Hofburg）递交国书。首先，完成了大使向总统递交国书的仪式，然后是总统与大使在翻译的陪同下进行单独交谈。约纳斯总统当年虽已略显老态，但仍精神矍铄、思维清晰。他主动表示，对奥中关系的发展前景充满信心，对中国灿烂悠久的文化感到钦佩，期待未来在这方面加强交流。

第一次国庆招待会

完成递交国书这一关键程序之后，全馆就更加锣密鼓地抓紧国庆招待会的各项准备工作。经过反复考察对比，馆领导决定接受"城市公园"作为招待会的选址。一是这里的环境极其优美，绿荫片片；二是老板较为友好，同意我方提供酒水和部分有中国特色的食品，这样就可以将报价大大压下来。老板着眼未来几年的后续生意，双方就比较顺利地以较低的价格达成协议，我们也为国家节省了一大笔开销。

招待会果然非常成功，以外交部长基希施莱格为首的各界人士和建交国家的使节们约600人出席。宾主异口同声地称赞招待会的气氛友好热烈，许多客人争先恐后地与大使握手攀谈，对他出使维也纳表示欢迎。

拜会克赖斯基总理

国庆招待会后不久，大使就经奥地利外交部安排拜会总理克赖斯基（1911—1990）。总理办公的官邸在一栋有几百年历史的两层楼里，没有电梯，只能拾级而上，而这段楼梯既宽又高，比一般的楼梯要高出至少两三倍。当年的克赖斯基刚满60岁，精神矍铄，思维敏捷，说话慢条斯理，对翻译来说是很舒服的。这是一位具有战略头脑和长远眼光的欧洲政治家。他与德国的勃兰特和瑞典的帕尔梅并称为欧洲社会党国际的"三巨头"，当年在欧洲和国际政坛上都是具有举足轻重影响的人物，三人在各自的国家均先后迎来了社会党上台执政的鼎盛时期。美苏各自控制一个集团为谋取世界霸权而进行日益激烈的争夺，使所有在这中间的实力不强的中小国家日子很难受，比如奥地利。有一次，克赖斯基不无自豪地给我们讲述起他亲历的一段往事：他作为外交部长出席一场小规模的大使聚会，不经意地从主人的书柜中取出一本论述瑞士的中立地位的书，拿到苏联大使面前，问道："瑞士这样一种模式可以适用于奥地利吗？"这位苏联大使有点出乎意料，沉默了片刻，回答说："这很有趣，值得重视，我还要思考思考。"克赖斯基接着说，后来的历史发展，众所周知：我们任命了一位颇有伏特加酒量的退役将军作为我方团长，经过不算漫长的谈判，把苏联红军从奥地利请了出去，奥地利获得了永久中立的地位。克赖斯基说，这件事说明，大事往往是由小事促成的，也就是你们中国人所谓的"四两拨千斤"，外交工作千万不可忽视处于孕育状态的苗头和小事。

总理应邀来使馆做客

关于总理能否接受大使的邀请来使馆赴宴，我们从一些国家的使团得到的信息是，克赖斯基在担任外交部长时，是非常乐意应邀到大使官邸做客的，但作为总理还没有听说有这种情况出现。我们只好抱着尝试的态度，贸然向总理发出了邀请。过了不到一周时间，我们得到肯定的答复，具体日期和时间要我们与其秘书处协商确定。

全馆一片欢欣鼓舞，爆发出前所未有的工作热忱，大伙儿投入了紧张的准备工作，从打扫卫生、美化馆舍，到研究确定我方要主动提出的问题和预估对方可能涉及的方方面面。总之，大家都深切地感受到，人人都有责任通过自己的努力为推动两国关系更好地向前发展作出贡献。

果然不出所料，克赖斯基在致辞中开门见山地说：以前作为外交部长，我是经常接受大使们的邀请的，而现在只能一律婉拒，可是中国大使是唯一的例外。因为我尊重中国，热爱中国的古老文化。我们两国没有任何利害冲突，未来的发展肯定会日益密切、友好。希望中国的经济能够发展得更快一些，使得两国的贸易有大踏步的进展。在陪同大使与克赖斯基的几次接触中，我似乎感受到他言语中流露出的"奥中建交恨晚"的意向。从后来的形势发展来看，这是有充分依据的。其中之一是欧洲社会党的战略原则发生了变化，提出了"新东方政策"，最震动世界的举动就是西德总理勃兰特在波兰纳粹集中营的一跪。

人民友好热情，乐于助人

奥地利人民的性格中似乎有一种天生对人友好友善的基因，多数人的脸上总是呈现出一种略带微笑的表情。走在大街上，常常有人主动来

位于奥地利维也纳市中心梅特涅街 4 号的中国驻奥地利大使馆外景（中国驻奥地利大使馆供图）

到我们面前打招呼。每当我们的司机放慢速度找路牌时，很快就会有奥地利人的车赶上来问你想要去哪儿；遇到路程复杂一些或者路途稍远一些，这位好心人就会说："好啦，跟我走吧！"

这里特别值得提到的人士，有以下几位：

第一位值得大书特书的是魏特曼先生。他是一位奥地利全国知名的资深律师，居住在维也纳新城。在两国建交之前，魏特曼夫妇就应约来华进行了一次较长时间的访问，从此他们就更加对华友好，凡是中国大使馆的事情，总是有求必应。魏特曼先生成了中国驻奥地利大使馆不取分文的特聘律师，帮使馆做了很多事。比如，大使馆在他的帮助下，没多久就选定了馆址。魏特曼先生使出浑身解数，将房价压到无法再低。对律师费，他从未提及，分文未取，这在当时可是一笔价值 250 余万美元的交易！魏特曼夫妇居所附近有一个大湖，他们早在四周建游泳池时就买下了一个更衣室。他们深知我们夏天没钱去游泳馆，就带我们去他家附近的更衣室去更衣下水游泳，后来干脆给了我们一把钥匙，让我们想什么时间去就什么时间去。为了表达谢意，使馆领导准备在国内订制一块适合他家客厅的地毯作为回赠。为此，我找了一个借口到他们家偷偷测量了尺寸。过了大半年，地毯运到了。当我们开着小面包车去送地毯时，老两口着实吃了一大惊，对此完全出乎意料。这些事情已经超出金钱的层面，而是双方心底相互不断深化的理解和友谊。

第二位值得怀念的老朋友是布赫玛耶医生。他曾来华访问，后来变成了中国的铁杆老朋友。当年，由于医疗保障体系的缺失，使馆人员一旦患病就会陷入困难境地。这时，"老布"（使馆人员都这样亲切地称呼他）医生就是唯一可以求助的人。电话打过去，只要他没出诊，我们立刻就可以去，并且是随到随诊。他还经常邀请使馆人员到他家聚会，我们有时带上几个菜，边吃边聊，气氛非常融洽。我们从这位老朋友那里了解到许多有关这个国家和民族的性格、习俗、礼仪等方面的知识，而这些都是我们从书本和报刊上无法获得的。

第三位要提到的是一位老妇人，名叫施泰因（Stein），是犹太人。她唯一的儿子大约在1937年奔赴西班牙参加了反法西斯战争，在西班牙共和国政权被法西斯颠覆后来到中国，经组织帮助辗转来到华北解放区，曾见到过聂荣臻元帅。他的家族本来姓施泰因，参加中国革命后改为弗莱（Frei，德文意为"自由"）。20世纪70年代，由于各种条件的限制，身在中国的弗莱同志尚无可能回奥地利探望老母亲。使馆领导决定由我和妻子隔一段时间抽空去探望一下老人。每一次我们的到来，对老人来说都犹如过节一般，一通热烈的拥抱，仿佛见到自己的孩子似的。我们以倾听她的陈述为主，老人积累数十天的话似乎都要向我们倾诉出来，到了要告别时，老人眼里往往都是含着泪的。

还有一位朋友特别值得一提，他就是米勒同志。他是德国人，但是与奥地利有过密切的关系。他在这里读过医学，后来与一批进步的犹太青年伙伴一起参加了西班牙的反法西斯内战，失败后来到中国。他经历了整个抗日战争，后来成为我军的大校。我与他的交往主要是在1962年至1964年期间。当时，我正在军事科学院领导下翻译克劳塞维茨著的《战争论》。这是一部未完成的著作，作者因急病去世，后由其夫人整理出版，所以书中有许多意思表达不清楚的段落或句子。米勒同志这时候被调到北京积水潭医院任副院长，实际上，他更重要的任务是为《战争论》的译校做顾问。这样，我大约每隔两个月就与另外一位同志到他家里请教一次。1975年，我事先得知他将携夫人来奥地利访友，就请示俞沛文大使。大使觉得这是一位对中国革命有重大贡献的人，决定宴请他们夫妇。席间，米勒同志表示，自己的一生是在中国度过的，他对此充满自豪感。

王越毅大使在奥地利工作了两年半有余，来接替他的是俞沛文大使。由于大使的提前轮换，我就在维也纳多逗留了两年，于1977年奉调回国。

细浪冲沙：逐步发展的中奥友好关系

杨成绪（中国前驻奥地利大使）

2021年5月28日，是中国和奥地利建立外交关系50周年纪念日。50年来，两国关系如细浪冲沙，尽管时而也会出点麻烦，但大体上还是始终保持发展的势头，风平浪静。

还记得1971年两国建交不久，时任奥地利驻华临时代办布科夫斯基在北京饭店举行奥地利国庆招待会。会上，音乐家们演奏了约翰·施特劳斯的《蓝色多瑙河》。当时在一个正式场合演奏西方音乐，还是罕见的事。我依稀记得，出席这次招待会的不少中国人都流露出喜悦的表情，用心倾听奥地利美妙的音乐。布科夫斯基从此在北京成为名人，是大家喜爱的西方外交家。他后来于1990—1996年出任奥地利驻华大使，其间有段时间我任外交部西欧司副司长，与他交往频繁，多次亲切交谈，共议如何促进两国关系发展。

转眼之间，又过了20多年，中奥关系稳步推进。2018年4月，奥地利总统亚历山大·范德贝伦和总理塞巴斯蒂安·库尔茨一起访华。总统和总理同时出访一个国家，这在外交史上是很少见的事。习近平主席在两国领导人会谈时指出，总统先生率库尔茨总理组成大型代表团访华，在中奥交往历史上尚属首次。这充分体现了总统本人及奥地利政府对发展中奥关系的重视。

50年来，中奥两国可谓是大国和小国平等相待、相互尊重的典范。中奥两国领导人通过对话加强了解、促进合作，进一步扩展了两国发展的对接,加强了友好战略伙伴关系。

我于1985年到1989年任中国驻奥地利大使,这也是我外交官生涯中第一次出任大使。在这近四年的时间里,我与多位曾任和现任奥地利总统及政要有过密切接触,留下了难以磨灭的印象。

平民总统基希施莱格

我出使奥地利后的第一场正式活动是向奥地利总统基希施莱格呈递国书。总统对我十分友好和亲切,看到我后笑问,这次中国怎么派来这么年轻的大使?我赶紧回答说,我不年轻了,已经55岁了。有这一铺垫,接下来的谈话气氛非常松快。基希施莱格告诉我说,他刚从中国访问回来,这是他第二次以总统身份访华,亲眼看到了中国近年来的飞速发展。他还说对中国充满喜爱,希望我们以后经常在一起交换意见。

1985年,杨成绪大使向奥地利总统基希施莱格呈递国书

后来，在我们的会面中，我了解到他两次访华的经历。第一次是在1974年，他作为奥地利外长访问中国。周恩来总理会见了他。第二次是1985年以总统的身份正式访问中国，邓小平见了他，专门介绍中方对国际形势的判断，认为国际形势出现了新的变化，只要各国人民团结一致，就有可能阻止新的世界大战的爆发。

基希施莱格对我说，奥地利是个小国，中国是个大国，奥中两国之间一开始对世界大战爆发存在着不同意见，后来中国领导人调整了看法，还当面告诉他，这件事情令他深受感动，他深切感受到中国对小国的尊重。

基希施莱格是一位真正的平民总统。他于1986年卸任总统后，按照西方国家的规定，可以有司机、秘书等待遇，但他都拒绝了。不久后，我收到了一封他手写的亲笔信，信中说：杨大使，我们过去的交谈很有意思，我非常希望有机会请你到我们家里喝杯咖啡，我的夫人会做蛋糕，请你的夫人也来聊聊天。

后来，我们夫妇多次到基希施莱格家里做客。他的家里布置朴实、简单，一点也不像达官贵人的住家。我们从国际形势谈到两国国情的不同，希望双方继续增进相互了解，加强两国关系。他谈到，通过两次访华，他看到了这期间中国社会经济和文化方面的巨大发展。只是他第二次以总统身份访问南京时，下榻的饭店太过豪华。他很担心随着中国经济的增长，这种奢侈之风渐长，给中国的青年带来负面影响。中国还是发展中国家，应该更重视勤俭办事的风气。我听了，默默地认同他的看法。

中国人民的老朋友瓦尔德海姆

1985年11月，奥地利人民党推举前联合国秘书长瓦尔德海姆为总统候选人。1986年3月，美国《纽约时报》揭露瓦尔德海姆曾经参加过纳粹党卫军。随着选举的深入，美国官方一再声明，如果瓦尔德海姆当选总统，美国将永远禁止他入境。

当时，我在维也纳密切观察这次总统选举的进程。和奥地利朋友交谈时，我发现奥地利人民对美国干预奥地利内政日益感到愤慨。他们说，瓦尔德海姆曾经竞选过总统，失败后被奥地利外交部派往联合国工作，担任秘书长长达十年之久，工作出色，为维护世界和平作出了贡献。奥地利作为一个小国，为能有瓦尔德海姆这样著名的国际活动家而感到骄傲。1981年，已担任两届秘书长的瓦尔德海姆在第三次竞选联合国秘书长时得到美国的全力支持。因此，他们不理解美国为什么这样反对瓦尔德海姆竞选总统。瓦尔德海姆固然参加过纳粹军队，但是美国媒体上渲染的瓦尔德海姆的罪行最终没有得到证实。美国一再威胁奥地利，激起了奥地利人民越来越大的反感，奥地利媒体上不断反映老百姓对美国干预总统选举的激愤，本来不一定要支持瓦尔德海姆的选民愤而支持他当选总统。1986年6月，瓦尔德海姆在总统大选中以53.9%的得票率一举当选，成为奥地利第8任总统。

我至今仍记得瓦尔德海姆当选总统后，第一次会见各国驻奥地利外交使节的情景。按照奥地利的惯例，各国使节按其国家与奥地利建交时间的顺序，站成四方形。瓦尔德海姆和各国使节逐一握手，并致以简短的问候。走到我面前时，他紧紧地握着我的手，有些激动地对我说，他和中国始终有着友好的关系，他期望中国的改革开放不断取得新的成就，并希望在他担任总统期间进一步发展奥中两国友好合作关系。正当他向前走一步时，又回过头来对我说，希望有机会和我交谈。

1986年初,杨成绪大使(右三)应邀出席艺术绘画展览会,与奥地利总理西诺瓦茨(右一)、德国作家君特·格拉斯(1999年诺贝尔文学奖得主,右二)交谈

我每回想起与瓦尔德海姆这次友好的对话,总不禁想起1981年瓦尔德海姆第三次竞选联合国秘书长一事。

在这次竞选中,他的对手是坦桑尼亚外交部长萨利姆。1971年联合国大会通过恢复中华人民共和国在联合国的一切合法权利的决议时,正是萨利姆高兴地在联合国大厅跳起舞来。

从1946年联合国成立到1981年,四位联合国秘书长中有三位分别来自挪威、瑞典和奥地利三个欧洲国家，另外一位联合国秘书长、来自缅甸的吴丹，则是在副秘书长任上因前任哈舍尔德飞机失事遇难而接替其完成任期。中国坚定支持发挥第三世界在联合国的作用，因此在1981年的竞选投票中连续16次坚决否决瓦尔德海姆再次连任联合国秘书长。而因为萨利姆与中国关系很好，美国始终否决萨利姆出任联合国秘书长。在这种情况下，瓦尔德海姆和萨利姆最终放弃竞选。1981年12月11日，来自秘鲁的佩雷斯·德奎利亚尔当选为联合国秘书长。事后，瓦尔德海姆在不少场合都表示理解中国的立场。

我还时常想起更早的一件事：1976年1月8日，周恩来总理在北京逝世，联合国降半旗以表示悼念。这是联合国第一次下半旗对中国领导人表示哀悼，有的成员国表示反对。瓦尔德海姆正是时任联合国秘书长，他在联合国大厦门前的台阶上发表了一分钟的讲话，解释说："这是我决定的。原因有二：一是中国是一个文明古国，她的金银财宝多得不计其数，可是她的总理周恩来却没有一分钱存款！二是中国有10亿人口，占世界人口的四分之一，可是她的总理周恩来却没有一个孩子。你们任何国家的元首，如能做到其中一条，在他逝世之日，总部将照样为他下半旗。"

1986年到1992年，瓦尔德海姆担任奥地利总统期间，中奥两国关系有了进一步发展。我在奥地利期间和瓦尔德海姆总统保持良好的接触，经常有机会就国际形势和两国关系交换意见。1993年，他应中国人民外交学会的邀请来华访问，由我陪同他参观访问北京。在短短两天的接触中，我深切感受到瓦尔德海姆对中国文化和历史的热爱。他还赞扬了中国在经济发展中取得的巨大进步，以及为维护世界和平作出的巨大贡献。

2007年6月，瓦尔德海姆病逝，中国领导人致唁电称瓦尔德海姆是中国人民的老朋友。

克赖斯基未能实现访华夙愿

布鲁诺·克赖斯基于1970年到1983年担任奥地利总理。1971年中奥建交时，奥地利总理正是克赖斯基。克赖斯基被誉为一个小国的伟大政治家。奥地利为摆脱世界大战后美苏英法的军事占领问题进行了不懈努力，而奥地利国内外舆论一致认为，克赖斯基为实现这一目标作出了最大的贡献。

1987年的一天，我在一次使馆的招待会上遇见了他，并主动问好。当时克赖斯基已经退休，72岁高龄的他在和我握手时，仔细端详着我，笑着对我说："一个中国大使怎么会讲德文呢？"我笑答："为什么中国大使不能讲德文呢？"这两句最简单不过的对话，似乎立即拉近了我们之间的距离。克赖斯基很有兴趣地问了我的经历和对奥地利的印象，我们俩交谈甚欢。克赖斯基在告别时，还表示欢迎我常去他家喝咖啡、聊聊天，我说一言为定。

后来，我应约多次到他家喝咖啡，他经常滔滔不绝地和我谈及他对中国的深厚感情。他早年作为青年社会党人，曾经撰文支持中国的北伐战争，支持中国为建立统一的共和国所作出的努力。当然，他更多地是谈到了作为奥地利政治家为摆脱战后美苏英法对奥地利的军事占领所作的努力。

克赖斯基说，战后，在1953年到1959年担任总统府外交事务国务秘书时，他就努力说服人们相信奥地利是纳粹德国对外侵略的第一个受害国，而中心问题是要摆脱美苏英法对奥地利的占领。奥地利是法西斯德国对外扩张的第一个受害者，也曾经是它的帮凶。因此，克赖斯基战后面临的第一个问题是：国际上如何对待奥地利。

第二次世界大战后，奥地利在战胜国军事占领下，国家尊严、主权独立、领土完整均丧失殆尽。不久冷战再起，美苏两大阵营争斗不已，要求它们撤军根本无从谈起。

1953年斯大林逝世后，赫鲁晓夫上台，有意缓和苏联与西方国家的关系。但是，赫鲁晓夫担心从奥地利撤军会影响美苏英法四国对德国的军事占领，迟迟不肯作出决定。美国也说服奥地利，西方国家对奥地利的占领表明奥地利始终是西方盟国，这对奥地利也是有利的。克赖斯基在美苏英法四国之间做了很多工作。几经波折，四大国终于在奥地利声明实行永久性中立的条件下，于1955年5月5日签订《重建独立和民主的奥地利的国家条约》，条约于同年7月生效。

有一次，克赖斯基送给我一套自传。在第二卷的《在政治激流中》一文中，他提到："赫鲁晓夫时代和中国产生危机，导致了苏联在社会主义国家中的势力影响急剧下降。""在我看来，（中苏分歧产生的）原因既有心理上的，也有意识形态上的，有强权政治的因素。"

在我和克赖斯基接触的时候，这一段历史早已成为过往。我们的交谈始终是比较融洽的。他对中国怀有浓厚的兴趣，一再问我中国国内的现状和中国对国际重大问题的看法，以及中国是如何看美国、苏联和欧洲的。我也经常问他有关欧洲和奥地利的情况。

1989年初夏，克赖斯基应邀到使馆做客，我们天南海北几乎无话不谈。我借此提出希望他有机会访问中国。他听了之后很高兴，又对我说，他健康状况不佳，恐怕有困难。不久以后，他郑重告诉我，他认真考虑了访华的问题，但愿能够成行。我随即报国内，得到的答复是同意他访华。1989年底，我奉调回国。此时，克赖斯基病重，后于1990年7月病故。他梦想中的中国之行终究未能实现。

克莱斯蒂尔初次访华前的犹豫

托马斯·克莱斯蒂尔是我当时在维也纳结识的奥地利外交部高官，后于1992年到2004年担任奥地利总统。

1988年初夏，在首次出访中国的前一天，克莱斯蒂尔急切地到处找我。我当时正在下奥州访问，晚上很晚才回他电话。他告诉我，这次访华是为了签订奥中民航协议，但是听说谈判任务很艰巨，有可能达不成协议。他暗示，作为外交部秘书长，为避免第一次访华失败而归，他想推迟这次访问。我告诉他，过去几年来，两国关系发展顺利。这个协议涉及坚持一个中国的原则，我相信，通过双方的努力一定会达成协议的。我劝他不要犹豫，按时访华。克莱斯蒂尔听我讲完后说：杨大使，我就听你的，一定努力通过谈判达成奥中民航协议。

几天后，克莱斯蒂尔刚从中国回来就立即给我打电话，说这次访华取得了成功，感谢我给的建议。此后，我们多次见面和交谈。

我有时应邀去奥地利外交部，不是交涉什么问题，而是和克莱斯蒂尔就国际问题、中奥两国关系发展等问题交换意见，我发现他对中国国内的发展十分感兴趣，不时流露出肯定之意。

克莱斯蒂尔就任总统后，多次主动表示期望来访中国，最终于1995年和2001年两次访华。2001年来访时，我也应邀出席了在北京人民大会堂举行的招待会。那次随行的还有奥地利音乐家，他们演奏起奥地利舞曲，两国领导人率先跟随音乐翩翩起舞，一时传为美谈。

始终理解中国、挚爱中国的菲舍尔

我从事外交工作最初的十多年间，经常担任老大使们的翻译，从中学到不少外交经验。1985年，我到维也纳担任驻奥大使后，坚持每个季度都要逐一拜会奥地利议会朝野各党议会党团主席。当时，奥地利社会党和人民党对中国比较友好，而在野的绿党和自由党经常会找些小麻烦。不过，我坚持拜访每一个政党的领导人，促进相互之间的了解。

我认识的第一位奥地利政治家是社会党议会党团主席海因茨·菲舍尔。他后来出任奥地利总统，成为中奥两国相互了解、加强合作、建立友好关系过程中最为著名的政治家。

我初次接触菲舍尔就感到他不同于其他政党领导人——他对中国的了解更深刻，也非常关心中国的改革开放政策。菲舍尔多次邀请我到他家和维也纳近郊的高墙别墅促膝长谈。有一次他问我，中国的年轻政治家中有谁将来可能成为国家领导人。当时是1986年，温家宝刚升任中共中央办公厅主任。我告诉菲舍尔，中共中央办公厅主任这个职务是非常重要的，而温家宝时年44岁，可以说是很有前途的政治家了。菲舍尔很有兴趣地听了我的分析，问我有无可能邀请温家宝来奥地利访问。我报请国内中联部，不久就收到了肯定的答复。至今我依然记得，温家宝抵达奥地利时，奥地利社会党安排他住在一个平实的小旅馆。我心中有点不安，跟他解释说西方国家政党经费往往不充裕。我这句话还没讲完，温家宝就打断了我的话，说安排得很好，请放心。

2003年，温家宝就任中国国务院总理；2004年，菲舍尔出任奥地利总统。这时候菲舍尔想起来，当年他邀请的那位中国的年轻政治家，是否就是现任中国总理的温家宝？得到证实后，菲舍尔立即和温家宝建立了联系，互赠礼品，温总理还亲笔写信感谢菲舍尔总统。

菲舍尔总统可以说是对中国最友好，也是对中国最了解的奥地利政治家，他前后访华达10次，为增进两国友谊、促进了解、加强合作作出了重大贡献。1974年，他以年轻的奥地利议员身份第一次访问中国；担任总统期间，他曾4次访问中国，同时也多次邀请中国国家领导人访问奥地利；2016年卸任总统后，他又出任了奥中友协主席。

2018年我重访维也纳时，菲舍尔夫妇邀请我到他家共进早餐。我进门时，他们亲切地握着我的手，双方互相凝视片刻，菲舍尔笑着说，"我们没有老啊。"当我们坐下时，菲舍尔拿出温家宝总理给他的亲笔中文信，让我用德语读给他听。他始终带着笑容，边倾听，边沉思，似乎沉醉在无限美好的回忆里。

（本文原载《中国新闻周刊》2021年5月17日，选录时有改动）

我与几位奥地利领导人结下的情谊

卢永华（中国前驻奥地利大使）

2021年是中国与奥地利建交50周年。两国正式建立外交关系，为两国和两国人民的友好交往奠定了坚实基础，也为双方政治、经济、科技、文化、教育等各个领域的密切合作创造了良好条件。在外交生涯中，我有幸与夫人在维也纳生活和工作了11年，其中担任中国驻奥大使近8年，在社会各界结识了许多朋友，也结下了深厚情谊。他们中有国家领导人，有政治家、企业家，也有普通民众。他们热情好客，在工作和生活等各方面给予了我们许多帮助和支持，给我们留下了难以磨灭的印象。

在中国外交中，元首外交历来极为重要，发挥着不可替代的特殊引领作用。习近平主席非常重视元首外交，亲力亲为，并取得重大成就，将中国外交不断推向世界舞台中央。在此背景下，中国驻外使节也一并如此。我在任期内，有幸先后结识了4位奥地利总统和几任联邦总理，与他们均建立了良好的私交。值此机会，我不禁回想起与瓦尔德海姆、克莱斯蒂尔、菲舍尔三位总统和许塞尔总理、莱特尔商会主席的交往。

有争议的瓦尔德海姆

虽然奥论界对瓦尔德海姆褒贬不一，但根据我们自己的印象和经验，他热情、友好、坦诚，是一位伟大的奥地利政治家，是中国人民的好朋友。

库尔特·瓦尔德海姆于1918年12月21日出生在维也纳的圣安德烈沃顿。1939年入伍，加入德国军队，担任翻译和传令官。1942年因伤退役，重入维也纳大学学习法学，1944年毕业。1945年参加工作，就职于奥地利外交部，曾经两次被派往纽约担任奥地利常驻联合国代表。就在第二次担任这一职务期间，即1971年12月21日，他被联合国安理会推荐为秘书长。

瓦尔德海姆是联合国第四任秘书长，1976年连任，1981年卸任。在这期间，他曾经主持召开中东和平会议，谴责以色列入侵黎巴嫩，被称为"世界各地政治危机的救火员"，是化解政治危机的高手。不久后，奥地利媒体披露，瓦尔德海姆二战期间曾经在德国纳粹冲锋队担任军官，在巴尔干地区服役。此报道随即引起轩然大波，但瓦尔德海姆一直予以否认。奥地利的国际形象因此受到严重打击。美国将他列入"监控名单"，禁止入境，这一禁令一直维持到瓦尔德海姆去世。美国的蛮横态度，激起了奥地利人民的反感。1986年6月，瓦尔德海姆回国参加总统竞选并获胜，1992年卸任。1988年，由6名历史学家组成的国际委员会调查瓦尔德海姆二战时期的记录后宣布，未发现瓦尔德海姆本人直接参与战争罪行证据，但他也从未采取行动阻止德军暴行。1996年，瓦尔德海姆在自传中承认，自己隐瞒加入德国军队的经历是"一个错误"。他于2007年6月14日因病逝世，终年88岁。据说，奥地利新闻社得到了瓦尔德海姆"遗言"的副本，上面显示他生前有意请求世人"谅解"。在遗言中，瓦尔德海姆写道："对所有反对和批评我的人，我致以问候，也请他们反省自己的动机，同时在可能的情况下与我和解。"他还表示，对纳粹暴行表明立场确实"太晚"，所以深感"悔恨"，"我确实犯下了很多错误，但我也有幸能有许多时间反省这些错误"。

瓦尔德海姆的一生中，妻子伊丽莎白始终是他的坚强后盾，三个子女是他的慰藉，许多朋友也始终和他站在一起。奥地利《标准报》报道，

卢永华大使夫妇看望瓦尔德海姆

时任美国加利福尼亚州州长施瓦辛格是瓦尔德海姆的忘年交,多次"偷偷"地到奥地利看望他。虽然晚年重病缠身,但瓦尔德海姆仍然会见了不少中国朋友,以帮助促进奥中友好关系的不断发展。他在自传中写道,在担任联合国秘书长期间,曾多次会见邓小平先生。虽然中奥两国有着不同的文化背景,但他感到双方的一个共同点是,致力于消除中国政治上的孤立状态,使中国在国际大家庭中占据不可替代的地位。1976年周恩来总理逝世时,瓦尔德海姆秘书长曾指示让联合国大楼降半旗致哀。

维也纳是一个联合国城市,有20多个联合国下属机构设在这座城市,如工业发展组织、国际禁毒组织、国际原子能机构等。石油输出国组织总部也设在维也纳。这也要归功于瓦尔德海姆。在担任联合国秘书长期间,为了提高奥地利的知名度,增强国家安全,他努力将若干联合国机构争取到维也纳落户,因为作为联合国城市,是不容外国侵略的。奥地利政府在多瑙河畔拨款专门修建了规模宏大的联合国城,以每年每平方米1先令(后来改为1欧元)的价格,出租给联合国机构使用。

我们见到瓦尔德海姆先生时，他已是一位70多岁高龄的老者，当时还担任着奥地利联合国协会主席的职务。他身材高大，但驼背却很明显，每次在公开场合露面，几乎都由其夫人陪同甚至搀扶，极少数情况下由他在联合国机构工作的女儿陪同。老人和蔼、谦逊，说起话来慢条斯理。每次和我们见面，他都要站起身来和我们握手。他多次表示，感谢中国作为安理会常任理事国支持他担任联合国秘书长，他将永志不忘。瓦尔德海姆非常愿意接受我们的邀请，参加我们举办的一些活动，如出席中国驻奥使馆举办的庆祝中奥建交30周年招待会和多次国庆招待会，应邀出席中国乐团和艺术家在维也纳金色大厅举行的音乐会，等等。我们还受委托向他转交了国内一位书法家赠送的大幅寿字。对于他的不幸逝世，中国领导人发来了唁电，我们也感到十分难过，参加了他的遗体告别仪式、奥政府在施特凡大教堂举行的追悼会以及他的葬礼，向他的夫人及子女表示了深切哀悼。

死而后已的克莱斯蒂尔总统

托马斯·克莱斯蒂尔，1932年11月生于维也纳的一个工人家庭，大学毕业后在奥地利总理府供职。1987年至1992年任奥地利外交部秘书长，1992年7月当选为奥地利总统，并于1998年4月连任。2004年7月6日，克莱斯蒂尔因病逝世，终年71岁。

我于2000年8月赴任中国驻奥大使，9月21日即向克莱斯蒂尔总统递交国书。我们商定，不久后将正式对总统进行到任拜会。从此，我们便开始了近四年的友好交往。

克莱斯蒂尔总统对华态度十分友好。在担任总统之前，他曾于1988年和1991年两次访华。1995年9月就任总统后，克莱斯蒂尔首

出使篇

克莱斯蒂尔总统夫妇（右三、右二）出席中国驻奥使馆国庆招待会

次应邀对中国进行国事访问，彼时我担任中国驻奥使馆政务参赞。2001年5月，克莱斯蒂尔总统应中国国家主席江泽民邀请，再次对中国进行工作访问，我有幸亲自参与准备工作。

按照惯例，外交是讲究对等原则的。克莱斯蒂尔总统1995年访华后，江泽民主席于1999年对奥地利进行了回访。在这之后，克莱斯蒂尔总统非常希望再次访华。但鉴于距离江主席访奥时间太短，他有些难于启齿，只好多次托人放风试探。经过双方商定，中国政府同意克莱斯蒂尔总统于2001年5月中奥建交30周年之际对中国进行工作访问。对于中国政府这一特殊友好安排，克莱斯蒂尔总统铭记在心，表示非常感谢。为了这次访华，克莱斯蒂尔总统也做了特殊准备。他知道江泽民主席非常喜爱音乐，但由于日程安排过于紧张，江主席1999年3月访奥时未能在维也纳金色大厅欣赏一场正式的音乐会，这成了那次访奥的一件憾事。故此次访华，克莱斯蒂尔总统专门从久负盛名的维也纳爱乐乐团中挑选出具有代表性的6名乐手随同访问，并在江主席举行的欢迎宴会上进行专场演出，取得了理想效果，受到全场热烈欢迎。中奥两国领导人在优美的乐曲声中翩翩起舞，奥地利媒体纷纷予以报道，这成了中奥两

055

2001年5月16日,中国国家主席江泽民在北京人民大会堂会见来访的奥地利总统克莱斯蒂尔

国友好关系的一段美谈。按照中国有关规定,我们夫妇有幸回国陪同克莱斯蒂尔总统夫妇访问,亲眼见证了这一美好时刻。克莱斯蒂尔总统夫妇圆满访华之后,即于5月28日应我们的邀请,破例出席中国驻奥使馆为两国建交30周年举行的招待会。克莱斯蒂尔总统此举将中奥友好合作关系推向又一个高潮,在维也纳外交界引起了不小的轰动。

在那些年里,我们与克莱斯蒂尔总统夫妇之间也结下了深厚的个人情谊。访奥的中国高级代表团,只要希望拜会总统,奥方几乎是有求必应。如果说在我任期之内中奥关系不断得到发展,我们的工作取得一定成绩的话,那么我们应该感谢克莱斯蒂尔总统长期的支持与合作。正因为如此，我们对他的突然离世感到分外悲痛。

值得一提的是，克莱斯蒂尔总统逝世前夕，奥地利刚刚进行过总统选举，社会民主党人海因茨·菲舍尔获胜，但尚未举行就职典礼。于是，奥方便在克莱斯蒂尔总统逝世后的第三天，即7月8日在议会大厦举办了一场非常奇特的仪式：先是当选总统的就职仪式，议会大厅里奥地利红白红国旗高悬，气氛庄严而隆重，菲舍尔发表就职演说。就职仪式结束后，稍事休息，接下来则是已故总统克莱斯蒂尔的追悼会。现场就像电影场景切换一样，国旗上挂上了黑布条，气氛顷刻之间变得肃穆而哀伤。

老朋友菲舍尔总统

海因茨·菲舍尔，1938年10月出生于奥地利南部城市格拉茨，大学毕业后很快步入政界。1990年出任国民议会议长，并于1994年、1996年、1999年三次连任。2004年1月，菲舍尔被社民党推举为总统竞选人，同年4月当选，7月宣誓就职。

菲舍尔总统是一位职业政治家，同时也是中国人民的老朋友。他个头不高，但十分精干，性情温和，和蔼可亲。他的夫人玛吉特是一名小学教师，同样平易近人。菲舍尔曾多次访华，对中国情况比较熟悉。他每次见到我们，总是用中文"你好"打招呼。他非常关注中国发生的变化，高度评价中国改革开放取得的巨大成就，十分乐意会见中国代表团，且每次谈话都喜欢"刨根问底"。他对发展中奥双边关系持积极态度。他经常对中国代表团讲，奥地利议会中有四个政党，它们在许多问题上存在着分歧，但对于发展奥中关系却存在着广泛一致。在担任总统之前，他是使馆的常客，也经常邀请我们到他在维也纳郊区的别墅里做客。在

菲舍尔总统会见中国人民政治协商会议全国委员会主席贾庆林

双边关系遇到一些棘手问题甚至困难时，我们往往都求助于他。他也十分乐意帮忙，有些问题通过他的斡旋得到了解决。

菲舍尔总统非常注意与中国高层领导人建立良好的私人关系。一天，他突然在一个外交场合悄悄问我，温家宝总理是不是应他的邀请访问过奥地利，请帮忙查一查。我听后一愣，因为我在此之前并没有听说过这件事，但还是应承了下来。返回使馆之后，我先查看了使馆档案，没有发现相关记载。于是，我又向当事人和当事单位了解情况。结果，中联部同志经过查档回复称，确有其事，是在1988年。当时，中国领导层刚刚发生过一些人事变动，温家宝担任中共中央书记处候补书记兼中央办公厅主任。中国领导层的人事变动，历来是西方关注的焦点。这次也不例外。菲舍尔立刻指示进行研究，并且广泛征求专家意见。随后，菲舍尔就以社民党议会党团主席的名义邀请温家宝访奥。温家宝欣然接受邀请，率一小型代表团对奥地利进行了友好访问。菲舍尔亲自出面接待，并与温家宝同志进行了深入交谈。

时隔多年，温家宝就任中国国务院总理，菲舍尔总统非常高兴。为了将这一友谊继续保持下去，菲舍尔总统当即指示在北京的奥地利驻华大使史伟（后曾任欧盟驻华大使），请他以总统的名义带一块维也纳最好的萨赫大蛋糕送给温家宝总理。史伟大使遵照执行。蛋糕送到总理办公室后，温总理十分感动。他不仅亲口品尝了蛋糕，而且当即提笔给菲舍尔总统回了一封热情洋溢的感谢信。温总理还附上一把大折叠扇，指示中国驻奥大使转交给菲舍尔总统。我当然也遵照执行。菲舍尔总统读着温总理的来信，抚摸着这把大折叠扇，心潮澎湃，眼睛不禁湿润起来。奥地利总统和中国总理这段鲜为人知的亲切交往，成为两国友好关系的又一段佳话。而我为能够亲自见证这段佳话，感到非常荣幸。

2015年3月，菲舍尔总统应习近平主席邀请访华，并出席博鳌论坛。3月26日晚，奥地利驻华使馆商务处在凯宾斯基饭店举行盛大宴会，欢迎菲舍尔总统访华。我和夫人应邀出席。招待会上，我们同总统夫妇作为老朋友相见，分外亲切，互相拥抱，热烈交谈。27日中午，习近平主席夫妇在人民大会堂为菲舍尔总统夫妇举行隆重的欢迎国宴。我作为前驻奥地利大使，荣幸应邀出席。国宴结束后，菲舍尔总统夫妇在习近平主席夫妇陪同下，缓缓步出宴会大厅。就在他们来到大厅门口时，菲舍尔总统一眼就认出了站在门口的我。菲舍尔总统紧赶几步，径直朝我走来。他一边紧紧握住我的手，一边向习主席介绍说，这是中国前驻奥大使，也是我的好朋友。习主席面带微笑，频频点头，亲切地说，你为中奥两国友谊作出了很大贡献嘛。接着，习主席又抬起手来，说还有总统夫人，示意我也与总统夫人握手。我与总统夫人握手之后，还与主席夫人彭丽媛女士握了手。这亲切的一幕，令我至今难以忘怀。

多才多艺的许塞尔总理

奥地利总理府在市中心,距离总统府不远,仅百米之遥,但不像总统府那样集中——总理在主楼办公,各司局和部委工作地点则分散在周围建筑里。

在我认识的奥地利几任总理中,沃尔夫冈·许塞尔是我印象最为深刻的一位。他于1945年6月7日出生于维也纳,维也纳大学法律系毕业。2000年2月出任奥地利联邦总理,2007年1月因大选失败而卸任。他爱好登山、玩扑克牌。妻子是一位精神病科医生。

许塞尔总理常常开玩笑说,中国是他的仕途"福地"。1995年4月,许塞尔作为奥地利经济部长来华参加了中奥经济贸易混合委员会第13次会议和维也纳—北京直航首航仪式,回国后即升任副总理兼外长;1998年3月第二次访华,此后不久,他在2000年当选联邦总理;2005年4月作为总理访华时,许塞尔在北京会见了中国领导人,在海南出席了博鳌论坛,并访问了南京。抵达北京的那一天恰是罗马教皇本笃十六世当选的日子,许塞尔总理衷心希望这次中国之行还能给他带来好运,使他在未来大选中连任总理。可惜的是,他的愿望却落空了。这是后话。

许塞尔总理积极支持中奥两国关系发展,这为我们之间建立和保持友好关系创造了基础。许塞尔总理十分喜爱中国,对华态度非常友好。在他的任期内,中奥关系在政治、经济、文化、教育等各个领域都得到了长足发展,两国贸易额连翻几番。

许塞尔总理对中国始终非常重视。在我的印象中,他一直亲自掌控着对华关系。他在接受中国记者采访时指出:"每次谈到中国,我都会肃然起敬。中国是一个非常伟大的国家,它本身的面积就相当于一个洲。

因此，中国面临和需要解决的问题，是像奥地利这样比较小的欧洲国家所难以想象的。"我赴任中国驻奥大使后，例行对总理进行拜会。我清楚地记得，在交谈中，他对中国基本情况十分感兴趣，问得很详细，比如中国本国石油产量多少、每年需要进口多少等等。

按照中国有关规定，驻在国政府首脑访华，我国大使应回国陪同。因此，在许塞尔总理2005年访华期间，我们夫妇有幸亲历了以下几件事情。

许塞尔总理在北京会见吴邦国委员长时，双方谈到了各自国家的治国理政经验。许塞尔总理提问道：奥地利是一个小国，8万多平方公里土地，大约800万人口，治理起来尚且相当吃力，问题不少。而中国是一个拥有13亿多人口的大国，你们却管理得井井有条，改革开放以来取得巨大成就。这其中的奥秘究竟是什么？吴委员长不无幽默地解释说：目前中国领导人大都是工科出身，许多人是工程师，我们想领导中国人民实实在在地干点事情，改变国家贫穷落后的面貌。许塞尔总理听后先沉思了片刻，接着频频点头道：吴委员长讲得有道理。在拉丁文当中，"Ingenieur"（工程师）这个词有创造的意思。你们在领导中国人民进行创造性的工作。而西方政治家多是学习法律的，他们首先想到的是如何制定法律，来限制创造。许塞尔总理的一通妙论，引起在场所有人一阵会意的笑声。

紧接着是访问上海。记得当时韩正市长正患腰疾，但他还是坚持会见了许塞尔总理。上海的高楼大厦多姿多彩，鳞次栉比，错落有致，给许塞尔总理留下了深刻印象。他在见到韩正市长时便问道，上海这些高楼大厦是怎么设计出来的呢？韩市长认真且不失风趣地说，我们这些高楼大厦的设计，也是受到了维也纳音乐的影响，它们全都是凝固的音符。韩市长的话引得许塞尔总理开怀大笑。

在海南参加完博鳌论坛之后，许塞尔总理一行前往南京访问。在南京期间，许塞尔总理会见了江苏省负责同志，参观了中山陵，出席了奥地利一家纤维厂在南京郊区的设厂奠基仪式。奠基仪式举办得很隆重，红旗招展，锣鼓喧天。许塞尔总理悄悄地跟我开玩笑说，要是在奥地利有这么多群众欢迎我就好了。

中山陵给奥地利代表团留下了美好而深刻的印象。在当晚江苏省省长梁保华主持举行的欢迎宴会上，许塞尔总理向我展示了他拜谒中山陵后有感而作的一首短诗。诗是用德文写的，我读后觉得很有意思，便很快就把这首诗译成了中文，抄在了另一张纸上交给他。这首诗的中文译文是："拜谒中山陵有感——相互搀扶，充满博爱，共同迈上拜谒总理的台阶。"值得一提的是，原诗中的"总理"二字是用汉语拼音写的。

过了一会儿，许塞尔总理递给我一张纸，上面写着诗的中文译文，与我写的毫无二致。我开始以为他是将我抄的译文退还给了我，因此也没在意，就准备将它装起来。这时，许塞尔总理稍微提高了声音，示意我再仔细地看一看。我仔细端详了一番，才发现这张纸上的文字与我写的那张虽然相差无几，但字迹仍有些许不同。于是我便问许塞尔总理，这是谁写的？他笑了笑，用手指着自己。在场的人不禁愕然，接着又爆发出一阵热烈的掌声。原来，许塞尔总理并不会中文，但他擅长绘画。每当他参加的会议上，发言者的讲话索然无味时，他便会掏出笔来，随便画上几笔。这已经是公开的秘密了。他交给我的那张中文译文，就是凭着他的天赋"画"出来的。江苏省外事办的同志当即就把许塞尔总理的诗作和中文译文"画作"收藏保存了起来。

与许塞尔总理亲近的人都知道，他本人非常喜欢艺术。其中，他尤其喜欢中国剪纸，也喜欢收藏剪纸。由于在北京的日程安排得十分紧张，政治会谈一场接着一场，根本没有时间参观游览。尽管如此，他还是抽出时间，匆匆去逛了一次琉璃厂。由于时间太短，他只来得及购买了几件剪纸艺术品。上海市外事办的同志知道这一情况后，专门为代表团安

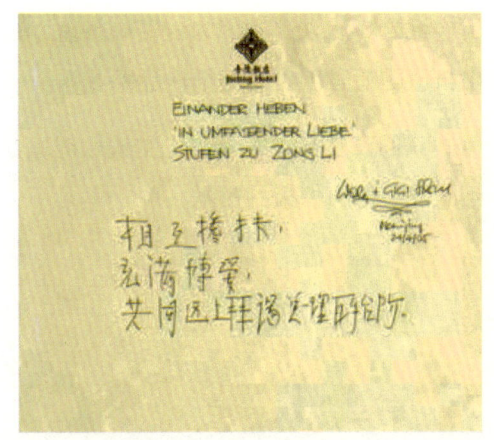

许塞尔总理瞻仰南京中山陵赋诗（中外文皆出自许塞尔之手）

排参观了豫园附近的一个艺术市场。许塞尔总理在市场里走得很慢，看得很认真，但他主要注意剪纸。突然，他在一个摊位前面停了下来。他一边与年轻的老板攀谈，一边翻看着台面上的作品。然后，他让老板提供一把剪刀和一张纸，当场体验如何剪纸。不一会儿工夫，作品完成。他慢慢展开，一个大红"囍"字出现在人们面前。许塞尔总理很高兴，他当即对年轻老板说，我邀请你访问奥地利，你可以在奥地利议会大厦举行个人作品展览，届时我一定去出席开幕式。接着，他又侧转头对我说："卢大使，你可要帮忙。机票由奥地利航空公司赞助。"我应承了下来，并且在此后的一段时间里，一直积极促成这件事。

直到 2006 年 8 月 30 日，在上海市外事办的协助下，年轻的剪纸艺术家邓剑辉先生终于成行，并在维也纳市中心的议会大厦成功举办了个人作品展。开幕式上，许塞尔总理如约率领多位部长和高官出席，并亲自主持开幕式。仪式结束时，邓先生专门为许塞尔总理剪了侧影。第一次开剪时，由于过分紧张，他不小心将许塞尔戴的眼镜漏剪了，只好重来一次。陪同在旁边的我，忙把这张没戴眼镜的许塞尔剪纸收藏起来，留作纪念。后来，我因为公务在许塞尔总理的办公室拜见他时，他还拿出自己闲暇时创作的剪纸作品给我看。

我们衷心祝愿许塞尔先生夫妇健康长寿，并继续为中奥两国关系的不断发展作出积极的贡献。

优秀"推销员"莱特尔主席

奥地利联邦商会是一个准政府性质的官方机构，着重负责对外贸易和经济合作，在政治生活和对外关系中代表奥地利企业界利益。按照规定，奥地利所有企业都必须加入商会。目前，它拥有38万家成员企业，在70多个国家和地区设立了74个商务机构、41个分支机构和代表处。

在中奥两国关系发展过程中，经济关系的发展要先于政治关系的建立。1961年，奥地利联邦商会首先在中国香港设立了经贸代表处；1966年双方签订《经贸合作协议》，同时在北京设立经贸代表处。直至1971年，中奥才建立了外交关系。当年，两国贸易额仅相当于2900万欧元，而现在却已超过100亿欧元，中国已成为奥地利在亚洲的最大贸易伙伴。奥地利联邦商会在中国设立了4个经贸处和3个地区办公室，覆盖绝大多数省份。中国成为奥地利在国外设立代表机构最多的国家。而今，已有900多家奥地利企业落户中国大陆和香港。

现任奥地利联邦商会主席为克里斯托弗·莱特尔，他高高的个头，脊背微驼，戴着一副眼镜，始终面带笑容。他对中国非常友好，曾多次访问中国，对中国印象非常深刻。在我任期内，我们来往很多，他对使馆的工作给予了很大支持，对推动两国的经贸关系作出了巨大贡献。他说，如今在国际舞台上，中国正发挥着十分重大的作用，不仅在经济领域，在政治和文化领域都占有举足轻重的地位。

卢永华大使夫妇与奥地利联邦商会主席莱特尔（左三）合影

2003年，中国暴发大规模非典型肺炎疫情，当时世界很多国家的人们"谈典色变"，几乎无人敢涉足中国一步。令人感动的是，莱特尔却怀着对中国人民的深厚感情和无限信任，于当年4月率领奥地利经济代表团一行30人来到上海。

提到非典，来沪访问的莱特尔微笑着告诉记者说，我们都对上海乃至中国的卫生安全持乐观态度。他提到，出发前曾请教医学专家，专家的回答是：去上海和待在奥地利，患非典型肺炎的概率是一样的。也就是说，这个概率是非常非常小的，上海是一个安全的城市。奥地利代表团在沪活动安排得相当紧凑。4月7日，他们前往复旦大学，签署了一个医疗管理人员的培训项目。8日，莱特尔还与上海市市长韩正等有关负责人会面。此外，代表团还参观了位于市中心、国内外宾客密集的上海城市规划馆。他说："上海的政府机构、我们的许多合作伙伴都支持这次上海之行，我没有理由不来这里。"

这是莱特尔第三次来到中国。他说："来到这里，所有的奥地利人都告诉我，他们在上海工作得很好，生活得也很开心。"他还表示，希望奥地利在不久的将来能够成为中国公民自由旅行的目的地。

莱特尔还认为，欧盟与中国经济关系的密切程度和贸易规模已经超过其与美国、日本和印度经济关系的水平（2020年，中国成为欧盟最大贸易伙伴，中欧贸易额首次超过欧美贸易额）。也就是说，欧洲与中国已经成为伙伴，现在需要加强并进一步深化这种伙伴关系。

莱特尔说，目前奥地利与中国开展合作的领域已经十分宽广。尤其在电子工业、食品工业、机械制造和钢铁工业等领域，两国间的合作与贸易往来十分活跃。有许多奥地利企业去中国投资，近年来也有越来越多的中国企业来奥地利投资发展。然而，双方间的经贸合作还有进一步加强的空间和拓展余地。

莱特尔还特别提到旅游业在奥中两国经贸关系以及促进两国人民相互了解方面的作用。他认为："旅游有助于加深人们之间的交往与了解。很多人同我一样，去过中国，所以体会到中国的美丽与伟大。"莱特尔也希望，能有更多的中国游客到奥地利来，了解这个国家。如今，奥中两国间的旅游往来越发活跃。随着收入的提高，正有越来越多的中国人去奥地利旅游，并成为奥地利旅游市场上一支深受商家重视的消费力量。2018年，奥地利接待中国游客数量已经达到97.3万人次。

此外，奥中两国在科技尤其是医疗技术和医学领域开展合作也拥有十分广阔的前景和空间。莱特尔认为："在这一领域，奥中两国都拥有十分悠久的传统和优势，如果我们强强联合，那么双方都会从中受益。"

2011年10月,中国贸促会会长万季飞(右二)访奥,受到热情接待

    2007年2月15日,受中国国际贸易促进委员会会长万季飞的委托,我在中国驻奥地利大使馆授予莱特尔主席中国贸促会"荣誉会员"称号。万会长在贺信中指出,两会积极开展合作,在互相尊重和信赖的基础上,历经岁月和国际风云变幻的考验,获得了广泛赞誉。莱特尔是积极促进中奥经济合作的杰出代表。莱特尔在答辞中首先表示感谢,指出在相互信任和尊重的基础上,奥中两国在经济和文化等各领域都展开了积极合作。他坚信,通过2008年北京奥运会,中国将给欧洲乃至全世界带来更多的合作发展机遇。

相知无远近，万里尚为邻

史明德（中国前驻奥地利大使）

2021年是中华人民共和国与奥地利共和国建交50周年。我有幸于2010年8月至2012年8月出任中国第十任驻奥地利大使，虽然任期只有两年，是历任中国驻奥地利大使中时间最短的，但这两年是我外交生涯中终生难忘的两年，也是中奥关系中浓墨重彩的两年。

我从小学三年级开始学习德语，接触德语国家的历史与文化。进入外交部工作以后，也曾多次出差或陪同领导访问过奥地利，但真正了解这个国家的历史与社会，同奥地利各界深入接触，还是在常驻期间。我任驻奥大使期间，恰逢中奥建交40周年。十年弹指一挥间，回忆过往，点点滴滴历历在目。值此两国建交50周年之际，忆海拾英，是为纪念。

国事访问非同寻常

国事访问是两国交往的最高形式，也是两国关系的集中体现。每一位驻外大使都把接待国事访问作为任内最重要的工作。上任伊始，我便开始思考如何庆祝中奥建交40周年。2010年，我作为中国驻奥大使陪同菲舍尔总统和法伊曼总理相继访华。其间，在向胡锦涛主席作汇报时，我建议他在中奥建交40周年之际对奥地利进行国事访问。2011年10月28日，中国外交部正式宣布，应奥地利总统菲舍尔的邀请，中国国

史明德大使向菲舍尔总统递交国书前，在总统府前检阅仪仗队

家主席胡锦涛将于 10 月 30 日至 11 月 2 日对奥地利进行国事访问，之后出席在法国戛纳举行的二十国集团领导人第六次峰会。胡主席的这次访问是中国国家主席年内对欧洲的第一次也是唯一一次访问。对奥地利来说，这是中国国家元首时隔 12 年再次访奥，其重要性毋庸置疑。

中奥双方对这次访问都高度重视。在正式宣布访问消息的两个月前，筹备工作早已紧锣密鼓地展开。我与奥地利各界密切协作，为访问确定了最高礼遇规格和颇为丰富的人文内容。胡锦涛主席和夫人刘永清于 10 月 30 日晚抵达维也纳。31 日上午，菲舍尔总统在霍夫堡总统府广场举行隆重的欢迎仪式。时值金秋，维也纳晴空万里，游人如织，群众自发聚集在总统府广场，热烈鼓掌，欢迎中国贵宾的到来。欢迎仪式结束后，胡主席分别与菲舍尔总统、法伊曼总理及国民议会议长普拉默女士进行了亲切友好的会见、会谈，就加强和深化两国各领域关系深入交换意见，达成重要共识，为中奥关系发展指明了方向。双方都认为，全面加强中奥务实合作具有重要现实意义，要进一步提升合作水平，扩大贸易规模，争取 2015 年实现双边贸易比 2010 年翻番。另外，双方决定加强环保领域的合作，做实中奥科技园项目，推进智能交通、绿色公共交通、生态农业以及生命科学等领域的交流和务实合作。相隔十年回望，两国领导人达成的共识都以超出预期的方式一一得到了落实，中奥关系迈上了一个新台阶。

令我印象深刻的是，菲舍尔总统和夫人全程亲自陪同胡主席访问。在参观奥地利国家图书馆时，总统客串讲解，详细介绍了这座在欧洲享有盛名的建筑及其珍贵馆藏。拉辛格馆长迎请胡主席一行走进金碧辉煌的二层大厅，向客人展示了图书馆收藏的著名善本、手稿，其中包括音乐家海顿、贝多芬、莫扎特的乐曲手稿，以及公元 5 世纪出版的《维也纳发展史》《维也纳药学大纲》等古版书籍。在大厅的另一侧，主人铺设了一张长长的展示台，上面摆放着奥地利与中国历史有关的馆藏珍品：几幅 17 世纪末 18 世纪初绘制的"坤舆万国全图"，还有介绍中国道教、佛教内容的图书。在整个参观过程中，大厅里自始至终回响着海顿的音乐。我向胡主席汇报了中国国家图书馆与奥地利国家图书馆在图书数字化处理以及信息共享方面交流与合作的情况。

31 日晚，胡主席一行在菲舍尔总统和夫人的陪同下离开维也纳抵达萨尔茨堡继续访问。奥方原计划安排胡主席一行下榻萨尔茨堡老城内著名的萨赫饭店。为了让胡主席一行更好地领略和体会奥地利悠久的历史和旖旎的自然风光，我坚持让代表团住到城郊拥有 200 多年历史的富舍尔宫廷饭店。饭店位于富舍尔湖半岛上，茜茜公主，即奥匈帝国的伊丽莎白皇后曾在此居住。岛上有茜茜公主主题博物馆。在繁忙的国事活动之余，代表团可以领略那个曾在欧洲叱咤风云数百年的帝国之兴衰。

清晨时分，推窗远眺，碧波千顷，群山环绕，薄雾像轻纱飘曳山腰。此情此景，令人流连难忘。

国之交在于民相亲。领导人访问一个国家，除了政治会谈、会见之外，了解这个国家的历史、社会和文化也是必不可少的。为此，我两次到萨尔茨堡附近实地考察了三家农庄，最后选定了最有代表性的乌尔班家庭农庄。这家农庄已有500余年历史，一直由哈斯家族经营。11月1日上午10时，云开雾散，初升的太阳照在哈斯家族古朴的房屋上。为欢迎远方来客，农庄悬挂了一面巨型五星红旗，88岁高龄的老约瑟夫·哈斯拄着拐杖等候在门口，安娜丽斯·哈斯领着女儿烘制茶点。胡主席夫妇一行在菲舍尔总统夫妇陪同下来到农庄时，村里的乐队也前来助兴，用手风琴和低音牛角号奏响了《阿波湖农夫》等欢快的乐曲。老约瑟夫两岁半和三岁半的曾孙女向客人献上鲜花。菲舍尔总统打趣地对两个小朋友说，你们见到了世界上最大国家的主席。

史明德大使实地考察农庄

宾主围坐桌旁，一边品尝农家糕点，一边唠起家常。因为主人的方言口音，别的翻译听不懂，我这个大使成了双方的翻译。这个历史悠久的农庄目前拥有草地45公顷，另外租着78公顷高山草场和25公顷林地，饲养了80头奶牛、70只牛犊和一些当地特有的矮脚马。农庄每年向牛奶厂提供610吨鲜奶，而这里真正的劳动力只有三人。主人看到客人吃惊的表情，便起身带着大家来到养殖大棚参观。原来，这里的奶牛头头训练有素，到点会自动来到全自动挤奶设备前排队接受挤奶，每天两次。宾客对此赞叹不已。此次访问使这家农庄美名远扬，也成为中奥交往中的一段佳话。

老朋友菲舍尔

中奥自1971年建交以来，两国关系虽有起伏，但总体保持稳定发展的势头。不仅两国领导人之间保持密切交往，中奥各界之间的交流与友谊也起着重要作用。广交朋友、深交朋友也是大使的职责所在。我虽然在任仅有两年，但离开维也纳八年后的今天，依然与当年结交的许多朋友保持着联系和往来。我到德国柏林任职后，很多朋友专程从奥地利到柏林来叙旧和参加使馆的活动。我与菲舍尔总统就一直保持着这样的友情。

奥地利前总统海因茨·菲舍尔先生早在20世纪70年代就当选为国民议会议员，后来连续三次任国民议会议长，担任过两届共长达12年的奥地利总统。菲舍尔先生一直关注中国的发展变化，钦佩中国取得的巨大成就，对中国和中国人民始终怀有深厚的感情。菲舍尔先生曾多次访华，与邓小平及后来的历届中国领导人都有接触和交往。在我担任大使期间，菲舍尔总统不仅经常约我到总统府就国际形势、双边关系和中国的政治、经济及社会情况交流看法，有一次还专门邀请我们夫妇周末同他们夫妇一起去维也纳森林远足。一路上，总统亲自倒水给我们喝，一边走一边聊，话题从家庭到文化、从历史到现实政治无不涉及。当时我已获悉达赖有意到奥地利窜访，便在交谈中有意识地向总统介绍了西藏的文化历史背景及达赖其人，提醒他注意达赖问题的政治敏感性，希望他相机做法伊曼总理的工作，阻止达赖访奥，以免两国关系受到影响。菲舍尔总统表示完全理解中方的立场，尊重中国的核心利益，他会始终坚持一个中国的立场并尽可能劝说奥地利其他政要不要会见达赖。

史明德大使夫妇与奥地利前总统菲舍尔

出于党派斗争和国内政治的需要，时任奥地利人民党主席和外交部长施平德勒格不顾中方强烈反对，执意要见达赖。在国内舆论和反华势力的强大压力下，法伊曼总理违背事先作出的不见达赖的内部承诺，也表示要见达赖，中奥关系出现波折。这时，大家都把目光投向菲舍尔总统，不少奥地利政治家和议员公开要求总统表明立场并接见达赖。面对这样复杂的政治局势与压力，菲舍尔总统明确公开声明，他一如既往地坚持一个中国的政策，不会在达赖到访期间安排任何形式的会见。菲舍尔总统的表态不仅体现了他几十年来对中国的了解与尊重，也表明了他作为政治家的坚定原则和政治立场。

50年来，菲舍尔总统是中奥关系发展历程的见证者和参与者。每逢中国的传统节日，他总是不辞辛苦，出席我旅奥华侨华人的重大活动，得到了他们的高度评价、钦佩与爱戴。卸任总统职务后，菲舍尔先生欣然担任了奥中友协主席，并多次访华，受到中国领导人的接见。我卸任不久，奥地利驻华大使特意安排菲舍尔夫妇与我们夫妇在北京相见，共叙友情。菲舍尔先生为中奥关系发展和中奥友谊作出的重大贡献，我们将永远铭记在心。

一家人，两代情

民相亲在于心相通。外交工作千头万绪，既要同官方各界打交道，也要同社会各界交往交流。中国驻奥大使馆与维也纳魏特曼一家的密切联系跨越两代人，长达数十年，伴随着建交以来的中奥关系发展全过程，书写了一段中国大使馆同奥地利民间情深谊长的传奇佳话。

回想起来，中国驻奥大使馆与魏特曼一家的相识纯属偶然。20世纪70年代初，中奥刚刚建交，中国第一批外交官被派往维也纳，人生地不熟，开展工作难度相当大。在一次招待会上，老魏特曼看到几个亚洲面孔的人言谈举止格外拘谨，便猜想他们也许是新来的中国人，可能需要帮助，便主动上前打招呼。一问才知道，他们真是新来的中国外交官，初来乍到，人生地不熟。老魏特曼先生是律师，也担任过维也纳附近维也纳新城的市长，对中国一向友好，便热心地帮助中国客人熟悉环境。

当时中国驻奥地利的外交官面临的一项重大任务，就是寻找和落实大使馆的馆舍。老魏特曼利用自己广泛的人脉，很快帮助中国外交官找到了地处维也纳三区梅特涅街4号的一处房产，并顺利买下了这座建筑。这座建筑所在的街区说来也颇有些来历，街名来自奥匈帝国时期的一位权相，就是马克思在《共产党宣言》中提到的那位梅特涅。他是19世纪上半叶欧洲政坛上的风云人物，1809年出任奥地利帝国外交大臣，后任首相。在战胜拿破仑后，他提出召开欧洲君主的维也纳会议，力图维持欧洲的封建秩序，因此被视为保守复辟的象征。1848年，维也纳群众在欧洲大革命的影响下发动了起义，梅特涅从这里钻进一辆洗衣店的马车逃到了伦敦。1851年返回维也纳后，他在这里度过最后落寞孤独的岁月，后于1859年病逝。中国驻奥地利大使馆所在地原本是梅特涅官邸的私人花园，他去世后不久，子孙就把官邸和花园卖掉了。一些奥地利贵族在花园里修建了房子，并把花园的小径扩建成一条小街，称为梅特涅街。这条街道长约千米，宽约40米，现在英国、德国、意大利、尼日利亚和中国的大使馆均设于此。从1971年5月28日中国同奥地利建交，时隔不到一年，中国就落实好了大使馆办公地点。能有如此效率，当然要感谢老魏特曼先生的鼎力相助。

在奥地利，添置一处房产涉及各种法律手续，办理起来非但烦琐，而且容易出错甚至吃亏。作为资深律师，老魏特曼处理这些令人挠头的琐事完全游刃有余。不过，仅仅购得房产并不意味着这处房产能立即作为大使馆投入使用。老魏特曼先生又拉上自己的夫人助阵。新馆舍从房屋的重新装修到窗帘的选购，都是老魏特曼夫人带着我们的馆员四处奔走，一点点、一件件仔细操办的。在遥远的异国他乡，中国老一代外交人员不但拥有了一个温馨的家园，安顿好了自己的生活，还熟悉了周边环境，建立起社会联系，使外交工作很快步入了正轨。对此，魏特曼一家功不可没。还要特别说明的是，老魏特曼夫妇提供的所有帮助都是无偿的。大家不妨想想，单单馆舍那样一座建筑的出售和购买就需要多少律师费，但老魏特曼从没有提过半个钱字。为表达感谢之意，中国外交部特地委托中国人民对外友好协会邀请魏特曼夫妇来华访问。

时至今日，中国已经向奥地利先后派驻了12任大使。每一任大使，每年都会带上礼物登门看望魏特曼一家。我上任时，老魏特曼夫人还健在。最令我难忘和感动的是，老夫人对我说："上世纪70年代，中国还处在贫穷和落后之中，但我先生说，中国一定会强大，因为中国人那么勤劳勇敢和守纪律。如今，中国真的强大了，我先生要是活着，看到这一切，会多么高兴！"由此我也知道了，40年前，老魏特曼为什么会那么主动、无私地帮助中国人。这种友谊延续至今，虽然老魏特曼先生和他的夫人已经仙逝，但使馆和小魏特曼一家的友情仍在继续。小魏特曼先生作为家中长子也是律师，也当过维也纳新城的市长，很快又任国民议会议员和财政部国务秘书。经中国国内同意，我正式聘请他为中国驻奥大使馆的法律顾问并颁发了官方聘书。顾问费虽然屈指可数，但小魏特曼对这一聘任非常高兴和自豪，他看中的是中国对他和他父亲的信任与认可，因而把这一聘书视为极高的荣誉，挂在他的律师事务所里。说来也是缘分，那时我正在维也纳物色大使官邸，获聘不久的小魏特曼马上开始为这件事到处奔走。凭借和父亲一样的高效率和广泛人脉，仅用了三个月时间，他就帮助我们办妥了所有的购房手续。

这座官邸位于世界文化遗产维也纳美泉宫的东门，是一座晚期巴洛克式建筑，占地面积约3300平方米，由宫殿、配楼和平房三部分组成。宫殿名为"XAIPE"，建于1793年。根据史料记载，这是法国著名古典主义建筑大师让·尼古拉·佳铎的作品，因其匠心独具的设计和来自法国宫廷建筑灵感的优雅，被誉为维也纳乃至全奥地利最出色的文物建筑之一。"XAIPE"是古希腊语，意为"欢迎"，加之毗邻哈布斯堡皇室的夏宫——美泉宫，故又被称作"迎宾宫"。宫殿右侧为配楼，最早为宫殿花房，19世纪下半叶改建为二层小楼，据说奥地利著名音乐家舒伯特曾在这座楼里居住过，因此文献中将其称为"舒伯特小楼"。院内平房历史上曾分别用作马厩、车库、大厨房和工作人员住房。据记载，迎宾宫的第一位主人是犹太富商莱蒙特·瓦茨拉，其父卡尔长年任职宫廷，为国服务有功，故而被约瑟夫二世授予贵族头衔。瓦茨拉为人热情好客，加之地位显赫，家中经常高朋满座，自然也不乏为后人津津乐道的名人轶事。其中最夺人眼球的故事当属1800年贝多芬与和他同样享有盛名的钢琴家约瑟夫·沃尔夫尔在主楼圆厅的钢琴竞技。两位音乐大师各展生平所长，时而即兴创作，时而四手联弹，让听众沉浸和翱翔在艺术的想象之中。此情此景，至今仍令后人追慕神往。

1826年，匈牙利贵族伊格纳茨·迈耶·冯·阿尔索鲁茨巴赫成为迎宾宫的新主人。他经常邀请学者和艺术家来家中聚会，这里便成了欧洲1848年革命期间自由思想知识分子的沙龙和据点。在接下来的岁月中，迎宾宫又几易其主，甚至还一度成为"宫殿咖啡馆"。在以咖啡馆文化著称的维也纳，来往此间的文化名人络绎不绝，如作曲家理查德·施特劳斯、设计大师约瑟夫·霍夫曼、文学家阿图尔·施尼茨勒以及维也纳著名女演员维尔玛·德吉舍尔等，都曾是这里的座上宾。因其所特有的历史文化价值，迎宾宫早在1927年便被正式列为奥地利国家文物保护建筑。1945年第二次世界大战结束，战胜国英国的军队曾在此驻扎。1948年，这幢建筑又转手到了一位私人企业家名下。2011年4月，中国把它作为大使官邸买下后，重新进行了装修和改造。因是文物保护建筑，所以有诸多规定和要求，可以照原样修，但不能改变。记得光是外墙面的颜色，奥地利设计师万托赫先生和我们的工人师傅就对比着色板调了一整天。因历史上这个小宫殿曾是美泉宫的一部分，故被允许使用"美泉宫黄"颜色，但是要知道，"美泉宫黄"也有几十种呢。修缮完毕，奥地利文物保护局特地给我发来贺信，感谢中国政府为奥地利文保作出的贡献，说他们最为乐见的就是热爱文物又有财力进行保护的主人了。为了让这座历史悠久的宫殿焕发出新的光彩，我在大门入口安放了两尊大理石雕刻的中国石狮子，中西相融，珠联璧合。

回想起来，使馆大楼是老魏特曼 50 年前帮我们买下的，大使官邸是小魏特曼 10 年前帮我们购置的，中国与这一家两代真是缘深情长啊！

国宝熊猫，友谊使者

其实，在过去的这半个世纪中，为中奥传统友谊添砖加瓦作出贡献的，除了始终奋斗在台前幕后并为此付出辛劳汗水的外交官们，还有另一类亲善大使的存在。这就是 2003 年中国政府送给维也纳美泉宫动物园的一对大熊猫"阳阳"和"龙徽"。这对国宝在奥地利民间的地位不可撼动，至今无出其右者，它们享受的是超明星待遇。当年为了迎接这对新客人，已有 200 多年历史的美泉宫动物园专门改造升级了原先用来饲养大象和海猫的房舍，建成一处室内面积达 135 平方米、室外面积 1015 平方米的现代化熊猫馆。熊猫的护理员和饲养员中不乏动物学博士。这对大熊猫也不负众望，在维也纳总共生育了 5 只幼崽，不愧为熊猫家族的英雄父母。大家可能有所不知，熊猫的发情期极为短暂，一年当中可能只有一两天，而且对交配伙伴极其挑剔。当时欧洲各国动物园里生活着几十只大熊猫，而自然交配成功生育幼崽的只有维也纳美泉宫动物园。大熊猫在美泉宫动物园也做足了"明星梦"。熊猫幼崽出生后的头三个月不能出来，也没有名字。它们的名字一般是由中方提供几个备选，动物园在官网上公布，让维也纳市民投票选择，这几个熊猫宝宝根据票数最后分别被取名为"福龙""福虎""福豹""福凤"和"福伴"。三个月大的熊猫宝宝亮相时，谁有资格最先一睹芳容呢？当然首先是最热爱熊猫的孩子们。维也纳教育局专门组织以"熊猫"为题的作文比赛，得奖的班级可以第一个看到首次出场的熊猫宝宝。动物园园长向我们夫妇赠送了年卡，周末我们经常去看望这三位憨态可掬的友谊使者（熊猫宝宝长到三岁即被送回中国，所以这对熊猫身边通常只有一只幼崽）。大熊猫靠自己的颜值挣够了竹子钱，还给美泉宫动物园带来了不菲的收益。为此，动物园在合同期满的 2013 年又与中国的合作方续签协议 10 年，并专门派饲养员到中国接受培训。可惜的是，2016 年英雄熊猫爸爸"龙徽"因病死亡。为此，中国在 2019 年又把"园园"送到了美泉宫动物园，以安慰无数熊猫粉丝受伤的心。奥地利动物学家埃韦琳·东格尔和兽医托马斯·沃拉切克专门前往中国迎接"园园"，在最信任的饲养员董礼的全程陪护下，"园园"乘专机抵达维也纳，规格之高，宛如国宾。它们为两国人民之间的友好感情作出了巨大贡献，理应获得如此善待。

美泉宫动物园的熊猫海报

　　时光荏苒，两国建交已有半个世纪之久。回想当年建交初期，老一代外交官筚路蓝缕，凭借真诚与尊重结识了真正的朋友。而中奥两国的传统友谊之所以如此牢固，正是基于朋友们的同心共济，始终如一。"嘤其鸣矣，求其友声"。我们知道在遥远的阿尔卑斯山麓，肯定能听到美好真诚的回响。

难忘在奥地利的几件事

赵彬（中国前驻奥地利大使）

2021年5月28日，是中国和奥地利建立外交关系整50周年。50年弹指一挥间，其中的故事却多之又多。我曾两次在奥地利工作（1988—1992年、2012—2016年），对奥地利有着极为深刻和美好的印象。

美泉宫的春夏秋冬

提及美泉宫，奥地利民众想到的是皇家园林和拥有中国大熊猫的动物园；对我而言，美泉宫是我的"后花园"，是散步的绝佳场所，因为2012年5月后中国大使的官邸就在它东门外。只要有时间，我每天都会在美泉宫散步，对美泉宫的春夏秋冬留有深刻印象。甚至可以毫不夸张地说，我夫人和我是迄今到访维也纳美泉宫次数最多的中国人。

春天的奥地利首都维也纳是花的海洋，美泉宫当然也不例外。每年复活节（4月）前后，当大地开始显露出春的信息时，美泉宫内更是一派春的景色。如果此时登上南端的"凯旋门"回眸远眺，偌大的维也纳、美泉宫尽收眼底，由远及近：卡伦堡山若隐若现，维也纳老城遥遥在望，施特凡大教堂卓然挺立，霍夫堡王宫掩映在绿树丛中；近处的美泉宫主建筑有着哈布斯堡家族的特有色彩——绿瓦黄墙，"之"字形的登山步道蜿蜒其中，煞是好看，直达山头凯旋门内的咖啡厅；美泉宫动物园也

维也纳美泉宫

深藏绿树之中，如果不是间或的动物嘶鸣，谁人能知晓那里是动物园呢？西侧不远处的"棕榈屋"逐渐广为人知，那是一座"钢铁＋玻璃"结构的热带植物馆，是专门为 20 世纪初世界博览会修建的，当时在欧洲大陆甚为先进，今天也并不落伍。

夏日的美泉宫多了来自各国的众多游客，他们操着不同的语言，但有一句是相同的：美泉宫（Schoenbrunn）。近几年，来自东方的游客越来越多，以前是日本人居多，而今是中国人为主。最有意思的是一次巧遇：在美泉宫见到了"中国风"的婚礼——中国式的轿子、中国式的蓝色马褂、中国式的红色旗袍映衬在绿瓦黄墙绿树下，别具一格。美泉宫夏日一景是喷泉中的荷花，出淤泥而不染，增添了几分清凉。再就是西庭院中的"玫瑰墙",呈立体状,一片火红,每每引得游人驻足欣赏和拍照留念。

从2004年起,每年的五六月间,维也纳爱乐乐团都会在美泉宫的花园举行一场晚场露天音乐会,这就是闻名遐迩的"美泉宫夏季音乐会"。这是维也纳市政府继金色大厅新年音乐会之后,倾力打造的又一个世界乐坛的顶级品牌音乐会。金色大厅新年音乐会主要演出施特劳斯家族的作品,而美泉宫夏季音乐会的演出曲目则囊括了世界各国音乐大师的作品,范围广泛且风格多样。美泉宫花园的演出场地可谓音乐圣地,其壮丽繁华犹如皇家盛大庆典重现,加上精心布置的现代化舞台和灯光设计,使得慕名前往的听众大有登临仙境、聆听天籁之音的感觉,且室外的生活化、民间化的综合效果又是传统的室内音乐会无法比拟的。在欧洲逐步走向统一的当今,古典音乐圣地维也纳举办冠以"美泉宫"名义的全球性音乐盛典,显然是为了复兴推广古典音乐、加强欧洲传统经典文化的主体地位,其开放的理念更使得音乐会焕发出真切亲民的风采。恢宏的演出现场意在表达"四海一家"的永恒主题。音乐会仍由维也纳爱乐乐团演奏,世界著名指挥家执棒,世界一流艺术家参与演出。该音乐会得到奥地利总统、总理及其他高层政要的鼎力支持与来自世界各地的艺术家的积极响应。奥地利国家电视台和德国电视台等还安排了现场直播,全球数亿电视观众可以同时一睹演出盛况。

秋天的美泉宫内到处都凸显着成熟和饱满。成片的银杏树叶变黄了,红色的枫叶由浅红变深红,预示着秋天逐渐向我们走来。踏着落叶、沿着美泉宫的甬道散步是何等惬意,一切烦恼都可以抛在脑后。随后,人们的活动更多转向室内,静下心来去想想过去、现在和未来。这也契合了美泉宫各种室内特展的主题,如2014年的一战爆发百年特展。

冬日的美泉宫并不是冰冷的世界。这里,不乏冬季锻炼的人们,他们意气风发地跑步;不乏像我们一样的散步爱好者,无论刮风下雪,照走不误；不乏冬雪爱好者，他们享受着漫天飞雪或是雪后初晴带来的喜悦。每当冬季日出，温暖的阳光洒向大地，到处可见拥抱阳光的人们。还有冬日里随处可见的小松鼠，它们在人们的目光下觅食、玩耍，在皑皑白雪中留下一串串脚印。冬天的美泉宫仍旧充满生机。

铁城拖拉机俱乐部名誉主席

这个话题要从布尔根兰州首府铁城（Burgenland, Eisenstadt）的使馆专供酒提供者阿克尔说起。

一次，我应邀到阿克尔家里做客。享用美食自不必说，主菜少不了"维也纳肉排"，还有饭后甜点（苹果派）和咖啡（维也纳特有的"麦浪汁"）。他随后谈起中国使馆在他这里的"专属酒窖"，说已有约20年没有人过问了，问我愿不愿重开。答案当然是肯定的。于是，我们择时完成了这件大事。在我离任之前，我们一直从他那里买酒，价格不贵且质量很好。

至于拖拉机俱乐部名誉主席一事，也是那次做客时敲定的。阿克尔还兼任铁城拖拉机俱乐部主席的职务，这从他家里收藏的数台"老爷拖拉机"可以略知一二。每年8月这里都会举办"老爷拖拉机"巡游，届时铁城的大街小巷跑的全是该俱乐部的"老爷拖拉机"。他说，他非常希望提高俱乐部的国际知名度，因此想请中国大使担任俱乐部的"名誉主席"。我欣然同意，并把时间约定在2015年8月，也就是俱乐部下次全体大会和巡游期间。作为一次重要的外事活动，中国驻奥使馆内部做了周密准备。活动非常热烈、友好、成功：先是上届主席报告俱乐部工作；接着是商讨俱乐部的一些日常工作；随后阿克尔先生作为主席，提请"中国大使作为本俱乐部的荣誉主席"，并由衷地赞叹了一番中国发挥的重要作用；最后，我作为名誉主席致答辞。大会向我颁发了"名

赵彬大使受邀担任铁城拖拉机俱乐部"名誉主席"

誉主席"证书。会议结束后,拖拉机巡游开始,气氛达到高潮。但见数十辆各色"老爷拖拉机"带着一片马达的轰鸣声,从我们所在的铁城街区鱼贯而过,引来不少旁观者驻足、鼓掌。我们乘坐首车,由阿克尔先生亲自驾驶着他家那辆20世纪50年代英国产的"老爷拖拉机",行进中可以看出他的那份自信和自豪。我们穿过葡萄园和农田,路过教堂和居民区,最后行驶在一路畅通的康庄大道上。

维也纳著名的步行街——凯恩顿大街

世界上的步行街很多,我这里要说的是维也纳的著名步行街——凯恩顿大街。凯恩顿大街位于市中心,凡到过维也纳的人都不会错过它;由于结构像字母"U",在维也纳又拥有独一无二的地理位置,所以也被称为"金色的U字"。

凯恩顿大街拥有5万多平方米的步行区，年销售额约40亿欧元，是奥地利人甚至所有来奥旅游者购物的必到之处。街上新、旧风格建筑并存，世界最著名的歌剧院之一维也纳国家歌剧院、施特凡大教堂等均离此不远。步行区的终点是米夏埃尔广场和米夏埃尔门，从米夏埃尔门可以直达霍夫堡皇宫。

20世纪70年代，关于步行街的设立颇有争论。因为该路段非常繁华，两边多有商厦坐落，行人密集，而马路相对较窄。行人频繁横穿马路，容易发生交通意外，而且车辆为躲避行人，行车速度会减慢，出现交通堵塞、人车争路的现象。第一代步行街产生的根本原因是为了加强城市中心区的交通管理。设立步行街不仅可以吸引更多居民和游客的到来，而且可以改善交通环境，疏通人流，使步行街商店的营业额大大提高，保护并刺激中心商业区零售业的发展。但是在商业成功的同时，也出现了一些不利的后果。第一代步行街形式死板、缺乏趣味，其单调的环境给人留下了"不购物就离开"的印象。

在第一代步行街的基础上，第二代步行街不仅强调方便活动，也考虑了步行者的活动舒适度，重视人的行为和环境的关系。街区在设计上增添了许多装饰，如绿地、彩色的路面、街头雕塑、座椅等，塑造了步行街亲切宜人的氛围。人们在购物后，仍有留在这里休憩和聊天的兴趣。

第三代步行街在形态上有了很大的改变，它不再是单一的街道，而是增加了很多要素，形成立体网络，如在步行街的两端配有广场，建设了地下购物中心和空中天桥等。在市中心设立无交通区，更加有利于保护市中心的历史建筑和文物；同时，步行区引来很多的社会文化活动，逐渐显示出它的社会效益。城市步行街区加强了人们的地域认同性，成为城市的社会活动中心，也成为城市的象征。

可以说，维也纳凯恩顿大街经过上述三代的发展，已成为步行街中的佼佼者，就像美国纽约第五大道、法国巴黎香榭丽舍大街、日本东京都新宿大街、德国柏林库达姆大街，还有中国北京王府井大街、上海南京路步行街一样，形成了自己的特色。它既有大商号，也有传统的小门脸；既有购物要素，又有文化内涵；既无车辆扰民，又在需要时可以通车。

奥地利的环保——朵朵白云

奥地利蓝天白云很多，除了因为它的海拔较高（最低处113米），更重要的是注重环保。奥地利以法治立国：汽车排气有法，垃圾分类有法，水的利用有法，餐饮有法，等等。我这里只讲一个云村的故事。

云村是维也纳以北约30公里处的一个小村子。这里一年到头天气晴朗，终日白云飘飘。我第二次在维也纳任职时，当地人每每提及这里。为了有更多的"发言权"，我便择日实地探访。那日驱车一路向北，不一会儿便到达目的地。待我下车步行时，一路奔波的劳顿早已忘得一干二净！这里是"农村"吗？这里就是我要探访的云村！但见白云低垂，就像触手可及。村内几乎无人，村外是一大片葡萄园。白云就像园中的"常客"，在蔚蓝色的天空中自由飘荡。多瑙河像一位无言的淑女，在一侧静静地梳妆、流淌，真是一幅绝妙的田园风光画。我感叹自己的词穷，不然完全可以作一首好诗。

其实，奥地利的大城市——维也纳、萨尔茨堡、林茨等亦如此。以离我最近的维也纳美泉宫为例，这里的云彩也是变幻多样的：朝霞是那样灿烂，预告着一天的到来；白天则是朵朵白云，一会儿像羔羊一样温驯，一会儿又像猛兽肆意狂奔；晚霞一般是美好、轻柔的。萨尔茨堡的云彩映衬在古堡上显得充满怀古的情愫，而飘浮在米拉尼尔花园（市政厅）的蓝天下则显得充满诗情画意。

总之，我对奥地利的白云可谓印象深刻。

瓦豪——奥地利人春游的第一选择

我在维也纳工作时,当地人总要问起,去过瓦豪了吗?当他得到肯定的答复后,便如释重负般再言其他。为什么?略加思索,我知晓了其中的奥秘。

每年复活节后,人们"一日游"的最佳目的地便是瓦豪。是的,人们在蛰伏了整整一个冬天后,开始"蠢蠢欲动"。境内游,瓦豪是最佳选择之一。多瑙河在奥地利境内长约350千米,其中瓦豪一段约50千米,基本在下奥地利州境内。这里山峦起伏,河道曲曲折折,如果沿右岸溯流而上,不仅两岸风光尽收眼底,而且山中若隐若现的古堡、盛开的杏花着实吸人眼球!我也乘着维也纳的春天开车一日游,实实在在探究了一番为什么人们总要提及瓦豪的原因。特别是在克里姆斯这个地方,它不仅有世界独一无二的蓝白色教堂,而且是中世纪时十字军东征的必走之地,因此有太多的故事。

多瑙河发源于德国,流经奥地利、斯洛伐克、匈牙利、克罗地亚、塞尔维亚、保加利亚、罗马尼亚、摩尔多瓦、乌克兰等国。在其他国家,多瑙河可能只是一条普通的河流,但在奥地利,那是与奥地利人的生命融合在一起的。瓦豪是奥地利的"母亲河"多瑙河最美的一段。多瑙河在这里转了几个弯,有点像德国的"罗蕾莱"(德国莱茵河最美的一段),或者叫"奥地利的罗蕾莱"。当下的人喜欢回归自然,这点也恰好符合瓦豪地区的文化。除了古堡外,这里有成片的葡萄园,一望无际。据说这里产的白葡萄酒质量绝不亚于法国。在红葡萄酒日益走俏的近年,白葡萄酒仍为奥地利的一大特产,而瓦豪地区的白葡萄酒在奥地利白葡萄酒中占据重要份额。客观上讲,多瑙河之所以出名,主要与德国和奥地利有关,比如雷司令白葡萄酒、冰葡萄酒等。尤其是奥地利,很多人对奥地利的印象,就是"这是多瑙河流过的那个国家"。享誉全球的那首

瓦豪景区内的古堡

圆舞曲《蓝色多瑙河》，其创作者就是奥地利的音乐天才小约翰·施特劳斯。"音乐国度"奥地利对《蓝色多瑙河》这首曲子的感情特别深厚，几乎把它当成了奥地利的国歌。

这首《蓝色多瑙河》的创作，与一次著名战争有关，这就是公元1866年爆发的普奥战争。普鲁士的"铁血宰相"俾斯麦志在统一德意志，发兵与奥地利作战。这场战争，双方共出动100多万人，结果是奥地利惨败。奥地利人的骄傲与自信被这场战败几近摧毁。小约翰·施特劳斯创作了这首足以抚慰奥地利人情绪的圆舞曲，从此，奥地利人深深爱上了《蓝色多瑙河》。因为这首《蓝色多瑙河》，流经10个国家的多瑙河，变成了"奥地利的多瑙河"。

开 拓 篇

> 约瑟夫·迈尔：奥中经贸关系 50 年
> 杨一峰：我在奥地利从事科技合作
> 孙书柱：行进在路上
　　——我经历的一些中奥文化交流事项
> 吕宏伟：纪念罗生特
> 玛格丽塔·格里斯勒·赫尔曼：我与中国
　　——一位维也纳女汉学家在奥中建交 50 周年之际的感怀
> 布利吉特·温克琳娜：25 年教育领域合作结硕果

奥中经贸关系 50 年

约瑟夫·迈尔（奥地利经济部前副部长）

1971 年 5 月 28 日，奥地利与中国建立了外交关系。这一重大外交事件，开启了奥中两国关系的新阶段。多次最高政治级别的互访，进一步凸显了双方合作的重要意义。双方在经济、文化、科学和技术等领域签署的多项协议，为加强合作打下了坚实基础。过去的 50 年，双方在各个专业领域进一步加强了相互交流。如果要详细罗列所有这些接触和互访，这篇文章是远远不够的。但是，许多经济代表团参与的若干博览会，则是不能不提及的。

在奥地利经济部负责对外经济政策工作的数十年间，我不仅见证了奥中双边经济关系的发展变化，还积极参与了这一发展。我与中方的首次官方接触，是在 20 世纪 80 年代。为了确定奥中双边纺织品和服装业配额，我们进行了多边纤维协议谈判。此后，我们又进行了多次双边谈判、访问和混合委员会会议，以加深两国经贸关系，同时找出双方货物与服务贸易中存在的问题，并寻求解决办法。所有这一切都表明，尽管奥中双方的政治、社会、经济制度和条件不同，但总是能够找到有利于双方的解决方案的。

50 年前，几乎没有人能够预想到如今中国惊人的发展速度。今天，中国已成为世界领先的经济大国，也是欧盟、更是奥地利的一个重要贸易伙伴。数字最能说明问题，1966 年，奥中货物贸易额仅为 420 万美元；2019 年，双方贸易额则达到近 143 亿欧元（其中奥地利的进口额为 98

亿欧元，出口额为 45 亿欧元）。此外，奥地利对华服务贸易出口额为 7.48 亿欧元。双方在旅游业领域的交往也取得了积极发展。2019 年，中国游客入境奥地利数量首次突破百万大关。中国已成为奥地利在亚洲的最重要的贸易伙伴。就奥地利而言，在重要货物进口市场中，中国位居第三；在重要货物出口市场中，中国位居第十。

我们完全有理由这样认为：奥中关系过去的 50 年，确确实实是一个经济奇迹。

在奥中建交 50 年之际，不仅要回顾过去，更要展望未来。当前，在新冠肺炎疫情背景下，世界经济受到严重影响。世界各国须共同努力，积极与国际组织合作，早日战胜疫情，促经济回正轨。

目前，应对气候变化仍是世界各国面临的最大挑战之一。这个问题，需要世界各国长期的密切合作，以及在气候条约框架内与国际组织紧密配合。为了切实应对全球变暖的后果，欧盟和中国都制定了切实的远景目标。在这方面，双方存在许多加强经济、技术和科学合作的可能性，以便更好地利用各国现有的科技成果。

对于两国未来的经济关系，在国际组织框架之内加强国际合作也是必不可少的。中国 2001 年底加入世贸组织，为加强多边世界贸易体系又迈出了决定性的一步。建立在规则基础上的世界贸易体系，对于解决全球性的贸易争端具有重要意义。对于所有国家来说，无论大国、小国，只有在这样一个规则体系框架中，才能够战胜世界经济所面临的未来挑战。当今世界仍然存在许多贸易壁垒需要去克服，这需要世界各国一起努力。

奥中建交 50 年，两国已经共同达成了许多目标，我们完全有理由感到自豪。在此基础上，奥中双方应该继续努力，满怀信心地去迎接造福两国人民的更加美好的合作前景！

我在奥地利从事科技合作

杨一峰（中国前驻奥地利使馆科技参赞）

在中奥建交50周年之际，我不禁想起在奥地利工作的日子。从20世纪90年代初到本世纪初，我曾两次赴奥地利从事科技工作，亲历了中奥科技合作的发展。回想奥地利秀美的湖光山色和热情的人民，一件件往事、一个个朋友又浮上心头。把一些印象深刻的片段记录在此，并不代表当时的工作全貌。

发达的经济

提起奥地利，国人大都知道音乐神童莫扎特、美丽的茜茜公主、辉煌的金色大厅。许多人并不十分了解，这个中欧小国竟然拥有特色鲜明的经济和科技事业。奥地利地处欧洲中心，是欧洲重要的交通枢纽，也是当今世界上高度发达的最富裕的国家之一。第二次世界大战后，奥地利实行社会市场经济和永久中立政策。半个多世纪以来，一直保持着社会安定、政治稳定、经济繁荣的良好局面。从地理位置上看，奥地利是东西方的交叉点。近年来，欧盟东扩把奥地利从欧盟的边缘推向了欧洲一体化的中心。首都维也纳多次被评为世界上最宜居的城市，有30多个国际组织在此设址，如国际原子能组织、联合国工发组织、石油输出国组织和联合国维也纳办事处等。

杨一峰在奥地利国会大厦前留影

奥地利主要工业部门有钢铁、机械制造、汽车、化工、采矿等。其工业的特点是国有化程度高，国有企业控制了 95% 的基础工业。

奥地利农业也很发达，机械化程度高，主要农产品能自给且有余，但随着经济的发展，农业在国民经济总量中占比逐渐降低。2017 年奥地利农、林、渔业产值合计 39.5 亿欧元，仅约占其国内生产总值的 1.07%。

服务业在奥地利经济发展中占有重要位置，约占国内生产总值的 60%，这种经济结构被认为具有较强的抵御经济危机的能力。在经济复苏过程中，奥地利表现也强于其他大部分欧盟成员国。奥地利的旅游业很发达，2017 年全国有各类旅馆 6.3 万家，共有床位 106 万张。

大量的奥地利企业通过给德国终端产品生产关键零部件而成为隐形的行业领先者，并成为"隐形冠军"。"隐形冠军"这个概念最早由德国管理学家赫尔曼·西蒙教授于 20 世纪 80 年代提出，是指那些不为公众所周知，却在某个细分行业或市场占据领先地位，拥有核心竞争力和明确战略，其产品、服务难以被超越和模仿的中小型企业。西蒙教授经过研究提出，德国拥有1307家"隐形冠军"企业，是全球数量最多的国家，其他如美国366家、日本220家、中国68家。奥地利拥有130多家技术领先世界水平的"隐形冠军"企业。在环保、汽车制造、医学领域，奥地利却有其独到之处。

长期以来，奥地利十分看重环保技术研发，在环保技术行业扮演着全球领先的角色。早在20世纪80年代，奥地利就将环保列入研发战略重点。现在，奥地利已经成为全球空气质量和水体质量最好的国家。从废弃物回收的先进解决方案、饮用水软化的革命性工艺，到极低二氧化碳排放量的超轻量车、用于建筑行业的新材料，奥地利的环保新技术带给全球的环境效益受到国际社会普遍赞誉。奥地利再生能源的利用率在其总能耗中所占的比例已远远超过其他欧盟国家。自20世纪80年代初以来，奥地利可再生能源利用率一直保持着超过20%的水平。二战以后，由于能源匮乏，奥地利也曾出现过大量砍伐森林的情况，加上采矿业发达，导致山区生态环境被破坏。我曾参观过一个山区项目，就是使用环保技术尽可能修复生态环境，20多年来，被采矿破坏的山区再次变回了青山绿水。

奥地利汽车产业历史悠久。一百多年前，奥地利人西格弗里德·马库斯是内燃机汽车的早期发明者之一；出生于奥匈帝国的费迪南·保时捷被称为汽车名牌保时捷和大众甲壳虫之父。奥地利汽车行业约有700家企业，保障了该国约1/9的工作岗位。一直以来，奥地利汽车企业习惯于扮演背后关键技术或某一段关键零件的供应者角色，自己不承担品牌营销和拓展的费用，通过搭载德国汽车品牌向世界出口。我参观过的李斯特内燃机及测试设备公司（AVL公司），就是一家在世界汽车、发动机行业拥有很高知名度和良好声誉的高科技公司。全世界所有的发动机制造商都在 AVL 的客户名单里，特别是内燃机领域。时至今日，世界级的汽车品牌几乎均配备有奥地利生产的零部件，奔驰、宝马甚至在奥地利生产整车，斯太尔重型车也享誉世界。

奥地利籍诺贝尔奖获得者 1/3 来自医学领域。维也纳是世界重大医学会议的集中地，每年举行多次有上万人参加的国际医学大会。维也纳医科大学是世界领先的医科大学之一。该大学是所有德语区医学科学生最多的大学，其历史可以上溯至 1365 年。维也纳医科大学的附属医院（AKH）前身是神圣罗马帝国皇帝利奥波德一世于 1693 年建立的医疗救助机构"贫民和伤残者之家"，经过 300 多年发展，它成了欧洲第二大的先进医院，也是世界大型医院之一，有近万名医务人员、2000 多个病床。

先进的科技创新能力

奥地利工业和科研基础雄厚，在奥匈帝国时代就已经建立起完整的科研体系，曾诞生大量重量级的科学巨匠（如多普勒、孟德尔、弗洛伊德、泡利及薛定谔等）。奥地利的科研工作分布在大学和校外研究机构，共有 22 所公立大学、12 所私立大学、3600 家校外研究机构。2019 年有关统计数据显示，奥地利有 21 位诺贝尔奖获得者，进入世界前十位。成立于 1365 年的维也纳大学是奥地利历史最悠久的大学，也是奥地利规模最大的高等教育学府，有近万名教职员工，在校生有 9 万人之多。该大学的教学和研究水平很高，已成为世界最著名的多元化巨型学府和科学殿堂之一，也是 27 位诺贝尔奖获得者的母校。成立于 1815 年的维也纳技术大学拥有大量优秀科研人才。1847 年成立的奥地利科学院，是从事自然科学和社会科学基础研究的奥地利最高研究机构，下辖 28

杨一峰访问维也纳的一所幼儿园

个研究机构，有员工 1400 多人。2008 年成立的奥地利国家技术研究院（AIT），是奥地利最大的校外应用研究机构，也是奥地利政府近年来新打造的精品研究机构，下设能源、健康、生物、交通、自动化等部门。该院从世界各国招聘顶尖人才，现有员工 1000 多人。同时，该院仍在不断增加科研经费投入，目前其经费投入水平在欧盟位居第二。2017 年，奥地利的创新能力在欧盟 28 国中排第七位。

奥地利具有地理优势，因而成为欧盟东扩的获益者。同时，奥地利与东欧国家有很深的历史渊源，又是它们重要的外资来源国，因此在东欧国家的影响力很大，也拥有相当的话语权。

奥地利的国际科技合作对象传统上一直以欧盟各国为主，但近年来国际经济科技形势的变化促使奥地利对自身国际科技合作战略进行重新定位，将与非欧盟国家的合作提升到前所未有的高度，确立美国、中国、俄罗斯、印度四个非欧盟国家为其国际科技合作非常重要的伙伴。其中，中国为最需要加强合作的国家。

1984年4月，中国和奥地利在北京签订了中奥科技合作协定。与此同时，中方中科院、自然科学基金委、农业、卫生、交通等部门和奥方对口部门签署了相关协议、协定。多年来，双方在医学、新材料、林业、环保等领域开展合作，共同支持了一批项目，取得了一定成果。

我在奥地利的工作经历

到任后，我很快结识了多位奥方合作伙伴。奥地利联邦教科文部主管科学研究的第六总司负责科技工作的国际合作，具体项目由国际合作办公室（BIT）执行。

我是学理工出身的，德语只是读研究生时的第二外语。虽然后来在德国的大学搞过两年科研，但那时整天在实验室，语言交流并不多。初到奥地利时，我对能否适应奥地利人的德语口音有些忐忑。其实，奥地利的政府官员、知识分子与外国人交流起来都讲"普通话"的德语，而且还特别注意降低语速，发音清楚。奥地利人的称呼和礼仪与德国有所不同。中世纪末期奥地利曾是一个大国，强大的哈布斯堡王朝从1278年至第一次世界大战结束，共统治中欧近700年，如今虽辉煌不再，但人们在社交生活中仍处处透出着对大国的追忆。司局级领导的名片上往往带有枢密顾问（Hofrat）的头衔，使人感觉仿佛又回到了帝国时代。我熟悉的BIT主任霍瓦特先生就是一位枢密顾问。

在奥地利的社交场合，对女士常行吻手礼或贴面礼。记得第一次参加使馆举办的招待会，一位来宾走到我夫人身边问，可以吻一下您夫人吗？我有些意外，愣了几秒钟才说可以。毕竟当时我经验不足，如果是现在，完全能以更外交的方式回答"深感荣幸"之类。其实人家也不是真吻，只是抬一下女士的手，做个样子。

如果是双博士，名片也标明 DDR.。中学老师也称为教授（Prof.），这点德国人说起来总是不认可的。

奥地利人性格和德国人也不同。时间长了，一些熟识的奥地利朋友说：我们奥地利人像你们中国人，德国人像日本人。这或许表示奥地利人和中国人一样热情，讲人情，办事圆通；而德国人和日本人一样，给人以严谨、严肃的印象。

科技处的一项重要工作就是项目管理。官方项目相对比较简单，中奥科技联委会每两年开一次会，由科技部牵头、有关部门参加定下项目。项目数量不多，包括合作科研和合作建研究中心、实验室等，经费由双方分担。我们需要了解情况，反映问题，年底将上述内容写入工作总结。此外，我们会遇到大量奥地利企业希望将其技术引入中国市场，或中方寻求某个技术，希望使馆寻找合作伙伴的情况。这就需要投入许多精力了解情况，但报回国内或向奥方有关部门推荐后，往往无果而终。经验告诉我们，要使合作项目成功，必须有专人长期跟踪。

生物柴油是 20 世纪末国际社会比较热门的新能源技术，欧盟是生物柴油最大生产国。当时，生物柴油对我国企业来说还是一项全新的技术。我曾受邀到格拉茨考察一家生物柴油生产厂。该厂用菜籽油生产生物柴油，技术比较成熟。参观后，我把了解到的情况写了份报告，登在一份国内科技刊物上，引起一些企业的兴趣，派人到奥地利考察，后来也不知是否引进了该厂的技术。据我所知，20 年过去，目前国内仍有一些企业生产生物柴油，但对整个燃油市场影响不是很大。我想，这或许是因为中国的油料作物首先要满足民众的食用需求吧。

多年来，中国把水电作为一项重要的清洁能源，大规模兴建水电站，直到现在也没停止。我为此考察了几座建在多瑙河上的水电站。奥地利的低水头发电技术很有名，在很低的水位落差下就能发电，建造的大型水轮机就有十多米高。然而，奥地利的专家认为，建水电站会对生态环

杨一峰参观林茨市消防车辆生产厂

境产生影响，致使下游的河道发生改变，湿地消失。因此，当时奥地利已停止在多瑙河上建水电站，并开始对已建电站引起的环境问题进行治理，把下游河道和周边湿地都恢复到建电站前的原貌。

维也纳有一座垃圾焚烧处理厂，通过焚烧处理城市垃圾，再通过净化技术把废气无害地排回空中。燃烧炉的高大烟囱被著名艺术家百水先生设计成一件现代艺术品，从市里老远就能看到，一段时间里成了国内团组考察的热点。我曾陪国内团组考察数次。有时国内来的翻译不懂技术，只好由我来翻译，我虽不是德语科班出身，但情况已熟，技术也懂，所以翻译不成问题。大家对技术都啧啧称道，但是又觉得欧洲技术太昂贵，所以看的人多，合作的人少。现在国内众多大城市垃圾围城，除了填埋，焚烧处理厂也建得越来越多。

山西是产煤大省，煤造成的污染相当严重。有一次，省里要派省领导带队到奥地利考察热电厂烟囱脱硫问题，请使馆联系访问单位。我找了奥能源部门和有关企业，得到回复：20年前，奥地利也研究过热电厂燃煤脱硫技术，现在都用天然气和水电做能源，没人再研究这项技术了。之后，我把情况如实反映给了山西方面。

20世纪90年代末，在一次招待会上，我见到了维也纳市长。他刚从北京访问回国，很兴奋地谈起访问的经历。突然，他问我："我去北京访问，北京在哪里？我找不到了。"我开始不明白他的意思，后来才知道，当时，北京正在大拆大建，旧的城市风貌正在消失，取而代之的是一片片广场和高楼。多年以后，听说故宫周边的老城区拆迁受到联合国教科文组织的批评。最近，在电视上看到，北京市领导再次调研中轴线，要求保护传承利用好这份独一无二的历史遗产。

医疗卫生合作是两国科技合作的重要内容。一次卫生部长陈敏章来访，希望我了解一下奥地利的卫生管理。通过调研了解，多家医院的先进设施让我深受触动。例如，多瑙医院的地下一层可用于物流。一个个小车装着医疗物资或垃圾，沿着轨道自动走到电梯口，自动进入电梯，到了以后会自动下电梯。病例文件通过压缩空气的管道传送。一按电钮，就到了该去的地方。奥地利的医疗保障是全民参保，医疗服务是分级诊疗。医疗保险分为公共医保和商业医保两种。所有在奥地利长期居住的人，包括本国公民和外国居民都必须参加公共医疗保险。公共医疗保险的费用不高，大致只相当于一个家庭净收入的1/10左右。大多数人都可以享受到绝大部分基础医疗服务。收入高的人群，会额外购买商业医疗保险，作为公共医疗保险的补充。另一个特点是分级诊疗，一般病人必须先到家庭医生的私人诊所看病，必要时才会转诊到大医院或专科医院。此外，奥地利的医院由专业管理团队管理，实行双院长制。正院长是专门的企业管理人员，业务院长由医生担任。我把了解的情况写了一份报告送交陈部长。目前，医保已在我国全面实行，分级诊疗也已进入起步阶段。

在使馆工作期间，我参加了抗击非典的工作。2002 年底，广东报告出现非典。2003 年 3 月，非典开始向全国扩散，其中以北京的情况最为严重。这真是一场突然降临的灾难。中奥班机因受非典疫情影响而停飞，国内所有团组停止出访。国内要求调研驻在国有关抵御非典的政策方法和设备技术。我们"五一"也没有休息，加紧走访奥地利的有关单位。国内开通网上抗击非典的快速通道，要求每天查阅，及时了解信息。5 月下旬，按国内的要求，我联系了格拉茨红十字会，去了解奥地利新出产的装有 Hepa 空气净化过滤装置的救护车。这种救护车排出的空气已经过净化，保证没有病毒对外界产生污染。一到红十字会，发现门口聚集了几十人，是当地电视台和报纸的记者，州里负责卫生的州府委员和州红十字会会长也来到这里，对我表示欢迎。

有时，也有一些国内称为"民科"（民间科学家）的奥地利人来访，要求把自己的技术推向中国。对于这种情况，首先要确定所谓的"技术"是否符合一般的科学常识，是否有权威部门检测，是否在奥地利或第三国使用过。有一次，一位奥地利当地人来谈项目，称他发明的一种技术可以在癌症早期检测出人体内的癌细胞并予以清除，可以抑制癌症的发生。他声称，该技术已在实验室检测并通过东欧某国的认证，并给我看了一叠化验单。他神神秘秘地说，现在抗癌药都被国际医药集团寡头垄断，所以他不敢公开发表这项技术，一旦发表会受到打压。他希望把技术转让给中国，并开出了一个可观的价格。我收下了材料，自己自然不具备分辨能力，只得转回国内。后来，卫生部回函说，专家根据这些材料无法判定是否有实用价值。

由于欧洲传统文化中有顺应自然的理念，有一阵子，很多欧洲人开始对中医产生强烈兴趣。一位奥地利小伙子在南京中医学院国际班学过中医，回来后就开了一间中药房做批发中药的生意，也附带办一些培训班，请来国内的中医讲课，还打出中医学院（TCM Akademie）的牌子。

其实，奥地利一些从事培训或学术交流的机构都可挂 Akademie 牌子，不过它们不能算作正规大学。虽然国内愿意把它们称为"学院"，但和国内的学院绝不是一回事。还有一次，广安门医院来了位教授宣传针灸。使馆请他给一些奥方人士扎针，果然一扎就灵，奥地利人很是惊讶。我个人认为，中医到国外不能搞得像是表演，还是应注重实效。我对中医是外行，不过也数次受邀到在奥地利举办的欧洲中医大会上致辞。有一次，我还和国内中医药管理局来访的官员一起在舞台上担任嘉宾，并解答台下观众提问。

中国一些企业在奥地利建立了健康中心，运用中医为当地人治病疗养。2002 年 7 月，三九药业集团在奥地利西部的著名风景区月亮湖畔建立了"三九中国健康中心"。当时声势很大，奥方卫生部长、州长和许多名人到场。开幕式当晚，还在湖上放了漫天烟火，热闹壮观。

向国内推荐退休专家也是我们科技处的工作，奥地利退休专家组织（ASEP）是我们的长期合作对象。按说在职专家掌握最新技术动态，但要付高额工资，而且涉及原工作单位的知识产权问题，所以国内一般倾向于引进退休专家。ASEP 的主要成员是一些原企业高管和少量高级技术人员，正好与国内需求对口。副主席耶克尔博士是科技处的长期合作伙伴和朋友。他原是一家大企业的总经理，当时已 70 多岁，人很热情幽默。在他任期内，中国成为 ASEP 派出专家的重点国家。国内一般不付来华专家工资，只承担来回机票和国内食宿。中奥两国间原本就有直航班机，所以来往很方便。但有一段时间，国内因要节省经费，给来华专家只购买经第三国转乘的机票。耶克尔向我反映了几次，说这些专家都是原企业高管，年龄又大，转机实在不方便。于是，我和国内相关部门经多次协商，终于同意为奥地利专家买直航机票。为此，耶克尔高兴地邀请我去他家吃饭。还有一次，一位退休专家去内蒙古担任一家工厂的技术顾问。当时内蒙古的基础条件、投资环境远不如已开放多年的沿海地区。专家住在一家普通宾馆的 308 号房间。他夫人从奥地利打电话来，可总机的接线员小姐不懂英语，无法转接。这位夫人没办法，只好打电话给我，问我中文 308 房间如何说。我在电话里教了她几遍后，她说行了。过几天她来电话感谢我，说我教的中文"308 房间"宾馆总机听懂了，把电话接通了。

  熊猫是中国的国宝，常出国担任友好使者，为发展对外友好关系作出了一定的贡献。但向友好国赠送或租借大熊猫也产生了种种问题，并受到国际环保组织的批评。1994 年，国内有关机构与国际动物保护机构达成协议，中国可以将大熊猫送至其他国家进行为期 10 年的合作研究并派技术人员前往协助，期间，外方每年付给一定费用，繁殖的后代归中方所有。2002 年 9 月，我陪同中方国家林业局代表团和奥方美泉宫动物园商谈引进大熊猫合作研究事宜。美泉宫是坐落在维也纳西南部的一座宏伟的宫殿建筑，曾是哈布斯堡王朝家族的猎宫和皇宫，大家熟知的茜茜公主的故事中有许多场景就发生在这里。如今美泉宫已是维也纳最负盛名的旅游景点，被列入《世界文化遗产名录》。1752 年，爱好自然科学的弗朗茨一世在皇宫旁建造了美泉宫动物园。中国送来用于合作研究的大熊猫将在此安家。合作协议签订后，我也投入一系列的准备工作中。奥地利媒体要事先到中国拍摄有关大熊猫生活的纪录片，我帮忙联系了接待单位，安排了日程。2003 年 3 月 14 日，大熊猫终于抵达奥地利。我到美泉宫动物园去迎接，许多奥方人士也到场，大家都很激动和兴奋。大熊猫很活泼，爬上爬下吃着竹子，非常可爱！那几天，奥地利报界掀起一股"熊猫热"，天天全是有关熊猫的报道。《北京晚报》的记者还特意从北京打长途电话到使馆采访我，了解情况。3 月 19 日，正式交接仪式在动物园举行，规模盛大，总理和相关部门部长均出席了仪式。大熊猫作为代表中国的亲善大使，走遍了世界，也对中奥合作起到了积极的促进作用。

杨一峰(左一)陪同中国科技部代表团访问奥地利

接待来奥地利考察的科技团组也是我们的一项重要工作。20 世纪 90 年代,国内出国访问的团组开始大幅增加,但非典期间几乎完全停止,疫情过后又急剧增长。科技界人士来访,按照使馆分工由科技处负责接待。当然,级别高的人士来访时,大使也会出面。通过接待团组,我有机会接触国内一些有名的科技界人士和专家。我发现,科技界人士即使按中国标准已位居国家领导人之列,出访往往也是轻车简从,不喜欢前呼后拥,一般对接待的礼仪也不太计较,所以接待起来相对轻松。下面谈谈我几次难忘的经历。

全国人大常委会原副委员长、民建中央原主席成思危,曾任化工研究院副院长、化工部副部长。一次,他和一个助手来考察科技投资管理。业务办完后,我陪他在市中心散步。他身材高大,一路谈笑风生。维也纳老城的中心环路被称为"欧洲建筑博物馆",哥特式的市政厅、希腊式的国会大厦、巴洛克式的皇宫,令人目不暇接。当我们走到皇宫前的英雄广场时,突然旁边窜出一个中国人,高喊"成先生"。我吃了一惊,成先生也有些疑惑,显然不认识来人。来人兴奋地握住成先生的手,自我介绍是中科院访问学者,在国内听过成先生的报告。成先生和他寒暄了几句,待他离去后,才松了口气,说:"没想到在国外也会被人认出来。"

全国人大常委会原副委员长、农工民主党原主席蒋正华,从事系统工程和控制论研究,并以此为基础进行技术人口论研究,成为该学科带头人之一,曾任西安交大人口经济研究所所长,当选过陕西省劳动模范和全国先进工作者。2002年,蒋先生以学者身份到位于奥地利维也纳郊外的国际应用系统分析研究所(IIASA)进行为期一周的学术交流。IIASA的总部设在奥地利,是一个多学科交叉的非政府国际学术组织,也是国际上享有盛名的全球智库,主要针对全球性热点问题进行跨学科系统性研究,其研究成果对国际组织决策具有重要影响。2002年1月,中国正式加入IIASA。蒋先生来时,我和大使去机场接他,看到他孤身一人,连助手也没带。IIASA把他安排在市中心一家古色古香的酒店。这种欧洲人喜欢的古典式样的建筑,酒店大堂一般也不大,不像国内受香港影响,旅馆大堂都是金碧辉煌。可奥地利人真把他当成普通学者,安排住的这家酒店的房间也太小了。我们几个人进去,转身都不方便。(这几年,国内去欧洲旅游团很多,接待方每次都要事先说明,欧洲四五星级宾馆房间很小。)问题是IIASA在维也纳郊外大约20公里,奥方让蒋先生天天乘电车去上班。他本人似乎并不在意,大使和我却认为不妥。我和奥方人员交涉,奥方答复:如果是副委员长率团正式访问,自会安排接送,这次作为学者交流,无法作出特殊安排。最终,大使安排我每天去接送蒋先生。好在驾车前往的路途不算远,我也借机见识了一下国际有名的学术机构。IIASA位于维也纳郊外的拉克森堡猎宫,这是一座巴洛克式的宫殿,临近一片草地和森林,林中还有一个湖。奥政府把这么幽静的宫殿提供给IIASA,就是为吸引国际组织入驻。我有幸多次聆听蒋先生关于中国人口问题的报告,也增加了不少知识。蒋先生讲话不多,人很和气。一周时间很快过去,在预定回国那天,大使和我去宾馆送他。按照约定时间,我们提前到了,准备上楼帮他拿行李。一进大门,看见蒋先生早已提了行李在门厅等候。我暗想，真是劳动模范！

1999 年 10 月，我陪时任水利部长汪恕诚赴施泰尔马克州考察水利设施。因为是现职部长，奥方很重视，经济部派了一位礼宾处长陪同，一路警车开道，日程严格按计划进行。我们去了一家生产灌溉设备的公司。部长秘书大概在领导身边时间长了，讲起一些部长趣事。据他说，汪部长有几次外出逢雨，到目的地后，雨就停。长白山天池常有雾，汪部长一去雾就散了。我听的当下并没有认真。回程路过格拉茨，礼宾处长说时间紧就不进城了，到旁边城堡山上可以俯看格拉茨城市全景。此山倒不高，可惜登上去往下一望，雾气弥漫，大家有些扫兴。这时，我突发奇想，喊了一声："诸位等一下，三分钟之内部长会使大雾散去。"大家都好奇地停下等待。果然不到两分钟，山下的雾就突然散去，露出格拉茨的一片红屋顶。在场的人都很惊讶，然后惊喜地笑了起来。

奥地利科学院和中国科学院开展了很多合作。2001 年 5 月，路甬祥院长来访，去东部布尔根兰的新民湖考察生态。新民湖是一个位于奥匈边境的浅水平底湖，湖畔有大片湿地，也是葡萄酒产地。此次，中方代表团集中了中科院几位重要研究所的所长，奥科院请了一位退休的老院士陪同。那段时间，中科院正在搞科技创新的规划，路院长大概脑子里还全是规划的思路。大家在国内工作太忙，难得一聚，此次机会难得，正好可以交流，一路上路院长和几位所长顾不得欣赏两旁葡萄园的风光，在中巴车上热烈讨论了创新规划的思路，直到下车。

我在奥地利工作期间，也有一些无关接待工作的难忘经历。

1999 年 8 月 11 日，奥地利发生了日全食。数周前，当地报纸就报道了有关信息。同时，报纸、电视都在进行科普宣传，讲解日食的成因。日食前夜，许多人彻夜不眠，举行各种聚会。当天中午，我坐在宿舍前步行街的长椅上，按照报上的介绍，用了两张胶片观察天空（以免日光刺伤眼睛）。中午 12 点以后，天色突然变暗，很快白昼变成了黑夜。

很诡异的是，步行街的地面上突然刮起一阵凉风，夏日的气温也骤降，树上的鸟也停止了歌唱。看到这一奇景，街上的人都很兴奋。整个过程很短，也就持续了两分多钟。然后，一切又恢复正常。

每年新年，奥地利总统都会举行新年团拜会接见各国使节，我们使馆会由政务参赞陪同大使参加。2002年新年期间，政务参赞回国探亲，大使让我代理政务参赞的工作，于是我就有机会参加了这年的新年团拜会。团拜会要求穿正式礼服，一般欧美国家和日本的外交官都穿带燕尾的大礼服，亚非拉国家的民族服装也被认可是大礼服。大使穿中山装，我这次驻外恰巧没带中山装，只好穿一件深色西装。出席那天，自己觉得服装有些不合规格，好在是站在大使后的第二排，倒也不显眼。时任总统克莱斯蒂尔曾担任驻外大使和外交部秘书长，对华友好，曾多次访华。总统接见后，招待会开始。在国外，越是级别高的招待会，越是很简朴，只是象征性放些食物，因为大家是来社交的，不是来品鉴美食的。我曾见过前任总统瓦尔德海姆，他曾担任联合国秘书长。1992年的一天，正逢总统府开放日，民众老早就在总统府门前排起长队，我也随大家排队进入位于皇宫的总统府。我是第一次进入这壮丽辉煌的宫殿，只见总统微笑着站在大厅中央，和每个进来的人握手，并送来访者一张他本人的照片。

当前，中国在加速创新型国家建设的同时，正以更加开放的胸怀积极地发展互利共赢的国际科技创新合作，与世界各国谋求共同的发展。因此，我们如何利用奥地利与中东欧国家传统的经贸关系，加强两国与中东欧的合作，显得极为重要。我国在环保、能源、交通等领域的发展一直受技术水平的限制，而这恰恰是奥地利的强项。越来越多的中奥各界人士感到，双方在科技创新领域的合作前景广阔，合作潜力巨大。所以，优势互补、互利共赢的国际科技创新合作模式将会给双方带来共同的利益和发展，造福中奥两国人民。

行进在路上
——我经历的一些中奥文化交流事项

孙书柱（中国前驻奥地利使馆文化参赞）

中国和奥地利建交迎来了50周年。这50年，既不一帆风顺，也不风刀霜剑，两国的交往在或急或缓地一直行进，直到现在被"一带一路"联结，文化交流也与时俱进。

我在任的时期，特别是最初的两年，应该是中奥两国建交以来交往比较稀少和清冷的一段时间。我于1990年秋到任。那年，受一年前中国"政治风波"影响，西方各国包括奥地利在内对中国的"制裁"进入第二年，两国之间的官方交流活动或是停止或是取消。文化领域也是如此，文化交流计划内的项目取消了，政府间的文化往来没有了。我到任后，除了拜会相关部门领导之外，很长时间内几乎开展不了任何实质性的工作。然而，我们注意到，这期间奥地利民间社团和人士介绍中国特别是中国文化艺术的活动以及对华友好活动依然不断。

国际民间艺术组织及一些友好人士依然邀请我国的相关人士访奥，组织演出、展览、报告会，介绍中国的传统和现当代文化艺术成就。他们邀请中国河北省承德市副市长等地方政府负责人来奥访问，陆续举办介绍中国剪纸艺术、年画艺术和民俗的展览。他们还组织报告会，亲自作报告介绍奥地利白求恩式的医生罗生特在中国抗日战争和解放战争时期的事迹以及他与中国军政领导人如陈毅元帅等的交往，介绍1934年随夫来到中国并在中国定居生活的盖特路特·瓦格纳女士的传奇故事等。

开拓篇

冯骥才（右三）夫妇访问国际民间艺术组织

国际民间艺术组织一直保持着和中国驻奥使馆文化处的密切联系。他们每年举办一次国际民间艺术节，一般会有30个至50个国家的民间艺术团体参加，中国民间艺术团每年都会收到邀请。在这样的聚会中，中国民间艺术团成员与他国艺术界人士相识相交，促进了解和相互影响。

国内的有关部门重视和支持奥地利国际民间艺术组织，通过我使馆文化处向其赠送了锣鼓等乐器；中国文联随后加入国际民间艺术组织并在国内举办了一届国际民间艺术节。

在这期间，维纳登山学校校长莫拉维茨教授连续数次（截至1994年连续30次）到我国西藏访问考察，与拉萨雪小学建立了姊妹学校联系，每年至少一次去拉萨赠送援助的资金和物品。莫拉维茨教授还在维也纳多次作报告介绍西藏现状。他说，过去的西藏除了转经筒在转动，其他什么都没有，现在，到处修桥铺路、车来车往。他的报告令人信服，让听众也对我国西藏建设有了更新、更真实的了解。

时任奥地利财政部部长许塞尔（后任奥联邦总理）出席维也纳摄影家在中国获奖作品展览开幕式

维也纳一位摄影师在访华期间拍摄的一幅照片，1990年在中国的摄影展上获得了一等奖。回到维也纳后，他为这幅得奖作品举办了一个小型展览。时任奥地利联邦财政部部长（后任人民党主席和联邦总理）许塞尔出席了开幕式，并和我做了数分钟的友好交谈。

研究多年汉学的经济学家哈耶克将他译成德文的老子著的《道德经》出版发行，出版社为他举办了首发式。维也纳大学汉学系接受了大使馆文化处赠送的中文图书。维也纳大学藏学研究所连续三次邀请我国中央民族学院（现中央民族大学）藏学教授王尧来讲学。

旅奥华人社团始终积极促进两国各个领域的交流。当地艺术团体和个人在奥地利对华友好人士包括基层政府官员支持下，邀请我国画家、音乐家来奥地利展演。1991年初，我国中央音乐学院杨鸿年教授应邀率领青少年合唱（无伴奏）团到维也纳演出。这是我国青少年无伴奏合唱团历史上第一次到维也纳访问演出，给维也纳民间和音乐界留下了深

开拓篇

时任中国驻奥使馆文化处一等秘书刘英兰出席克拉根福特微缩景观园长城落成仪式

刻印象,并且影响和促进了两国间的艺术往来和合作。

奥地利克林顿州首府克拉根福特市的"微缩景观世界"(Minimondus)在园中仿建了一段中国长城,菲拉赫的一所中学受委托组织学生在长城落成典礼上用中文唱一支中国歌曲。学校请我使馆文化处派人教唱。我文化处一等秘书刘英兰领受任务,去教唱了《浏阳河》。落成典礼上,数以百计的游人为长城、为孩子们的歌声鼓掌。景观园的领导表示,为奥地利历史上第一次有了中国的标志、第一次响起中国的歌声而骄傲,同时坚信景观园将魅力倍增。

以上事例使我们意识到,虽然政府间的文化交流处于停顿状态,但民间的友好交往没有中断,奥地利民众了解中国的渴望没有减弱反而更强烈了。从一些事例上,我们也明确地感觉到,奥地利政府高层也在关注着中国并期待进一步了解中国。"制裁"的压力是一种挑战,从另一个角度看也是一种促进,我们对两国间文化交流正常化、扩大和加深充满了信心。

在这样的基础上，我们一方面积极与对华友好人士和各级政府官员接触，另一方面寻找机会和可能促成双方合作的项目，积极邀请奥方人士访华以加深对中国了解。

1992年冬，维也纳市一位广告小报负责人、对华友好人士在国际民间艺术组织和维也纳市基层政府官员支持下，邀请山东潍坊40人组团来维也纳举办风筝节。维也纳十二区的一条约一公里长的商业繁华街道被临时控制为步行街，潍坊代表团在这里摆了14个摊位，展示和出售他们的书画艺术品、土特产品和各式各样的风筝。一个舞龙舞狮队在锣鼓声中从街的这一头舞到那一头，来来回回。在街的一头，维也纳广播台的记者喊叫着，时而又会抓起一件工艺品拍卖起来。那几天，天气寒冷，时而大雪飘扬，但是，这条街道上民众熙熙攘攘、热闹非凡。三天后，在国际民间艺术组织的安排下，潍坊代表团又在下奥州的几个村镇举办了包括风筝节在内规模不等的活动。潍坊风筝节在维也纳的举办成为一些民众的热门话题，同时激活了一些基层官员了解中国的热情。当年4月，一组奥地利下奥州人员包括几名乡镇干部专程去了潍坊，参加那里一年一度的风筝节，与潍坊当地的市政人员建立起了友好的联系。后来，这些访问过中国的人士在文化交流事项上发挥了很好的促进、协助作用。当年秋，下奥州一位分管文化体育的副州长率领10位下奥州市镇政府负责人，应中国市长协会的邀请访问了我国。第二年，中国市长协会会长率领中国10位市委书记、市长回访。

中奥文化交流历史上，这一阶段最值得提及的是1994年5月中国西藏自治区歌舞团在奥地利的成功访演。奥地利是一个户外运动高度普及的国家，有许多奥地利登山爱好者多次前往中国西藏登山，前面提到的登山学校校长莫拉维茨教授便是其中和西藏关系密切的人员之一，也是对华友好的代表。维也纳大学藏学研究所在欧洲藏学研究领域占据重要的地位，其研究人员也经常到中国西藏访问考察。但同时，也有一些

开拓篇

下奥州官员出访中国之前

不和谐的声音，比如自称是"达赖老师"的海因里希·哈勒多年来一直美化达赖，丑化和诋毁今天的西藏，鼓吹"西藏独立"。哈勒曾是纳粹军官，1944年根据希特勒密令前往西藏寻找"沙姆巴拉"（所谓的地球中心），途中在印度被英军抓获，不久后逃脱潜入西藏，随后与当时还只有十几岁的达赖结识。他和达赖每周至少见面一次，教达赖英文并兜售他的西方观念。1950年，哈勒回到奥地利，在其居所建了一个所谓的"西藏博物馆"，出版了《西藏七年》小册子，还到处讲演，打着"达赖的亲信和知情人"的幌子，造成了极坏的影响。

我到任的前后几年，奥地利的"藏独"分子很活跃。就在我到任前的1990年3月10日这天，奥地利300多个市镇遍挂"藏独"旗子，大使馆所在的街道上，数百名"藏独"分子游行示威并冲击使馆。在这样的形势下，国内有关部门、文化部和西藏自治区政府决定派中国西藏艺术团前往奥地利访演。我们的想法立刻得到国际民间艺术组织的坚定支持。然而，该组织作为一个民间社团，要接待和安排一个国家级团组，面对复杂的形势，显然力量不足。于是，1993年初，我们首先向维也

113

纳市政府文化局长,接着向市长本人表达了我们的意向。不久,维也纳市政府正式表示,同意邀请中国西藏艺术团来维也纳访问演出,并决定派文化局长先期赴华商定细节。

1994年5月25日,中国西藏艺术团47人抵达维也纳,开始为期两周的访问演出。当天中午,维也纳市文化局长设午宴欢迎艺术团的到来。5月26日,天气晴好,中国西藏艺术团的访奥首演在维也纳高等经济专业学校举行。学校的操场上,张挂着巨幅背景布,上面画着被祥云围绕、闪烁着金光的布达拉宫。开演前,中国驻奥地利大使致辞,随后,莫拉维茨教授代表学校师生和观众对艺术团表示欢迎,并详细地介绍了即将演出的每一个节目的内容和艺术特点。观众手里拿着由莫拉维茨教授从藏文译成德文的节目单。演出虽然是露天的,但是,节目的强烈西藏民族文化特色和歌舞演员的精湛技艺,让在场观众不断报以阵阵热烈的掌声和激情的呼喊。演出结束后,许多观众说,以后一定争取亲自去西藏看看,那里一定很迷人。校长福格特女士说:"首演在我们学校举行,是我们的骄傲。今后无论你们全团、小组还是个人来维也纳,你们都是我们最欢迎的客人。"奥地利电视台《袖珍时事》专栏节目组全程录制了演出,并告诉我们将在5月31日和6月3日两次播出。当晚,在古老而壮观的维也纳市政厅,以市长的名义,市政府为西藏艺术团举办了大型宴会。

5月27日,西藏艺术团在维也纳奥地利联邦高等电子学校演出。高等电子学校是拉萨雪小学的姊妹学校。一个月前,莫拉维茨教授率领40名以该校教师为主要成员的团队访问了拉萨雪小学,与雪小学建立了友好联系。西藏艺术团来到该校演出,受到学校全体师生的热烈欢迎,教师、学生和学生家长都来了,广场上座无虚席。广场的入口处摆放着为雪小学募捐的募捐箱,来者均慷慨解囊。演出给观众留下了深刻的印象。散场后,大家围着演员,用互相听不懂的语言欢快地交谈着。来自民间组织"和平之桥"文化交流协会的一位成员找到中方文化参赞,一再称赞演出,询问艺术团的行程,然后诚恳地表示,愿在将来邀请西藏艺术团再次来奥访演并安排在欧洲其他国家巡演。一位不久前访问过拉萨的教师抱着三大本影集来到演员当中,一张张翻给演员们看他在西藏拍的照片。当他翻到在雪小学拍的一张三个男孩子的照片时说:"怎么样?看,这三个孩子多么可爱!"演员巴桑忽然指着照片上一个男孩叫起来:"瞧,这不是我的儿子嘛!"于是,教师和巴桑紧紧拥抱在一起。教师说:"这么巧!来,把这张照片送给你!"当天晚上,艺术团被招待在维也纳名声远播的"当年酒家"就餐。

接下来的两天,东道主(维也纳市政府)为西藏艺术团安排了丰富多彩的参观活动。艺术团参观了环形大道两旁的古典建筑和皇宫,观看了西班牙马术表演,登上了多瑙塔,走访了中央公墓音乐家之角……演员们沉浸在欢乐里。28日晚,艺术团又被安排在"当年酒家"就餐。这一晚,与前一次在"当年酒家"就餐自是不同,陌生和拘谨感散去了,气氛活泼、欢快。他们走进去的时候,正好有一个来自荷兰的旅游团坐在长木桌旁挽着手臂摇头晃脑地唱歌。西藏艺术团的姑娘和小伙子们按捺不住了,旅游团的歌声一落,他们就接着唱起来,而且是一首接一首。间歇时,德西美朵忽然用德语唱起了舒伯特的《鳟鱼》。旅游团的人从座位上站起来,其他的奥地利、德国食客也围过来,面带惊讶和赞许,然后开始热烈地鼓掌。当他们得知这是来自中国西藏的艺术团之后,个个竖起大拇指。我们进餐结束离开酒家时,在场的其他客人不约而同地离开座位站在通道两旁,与我们握手道别。

5月30日晚,根据维也纳市文化局的安排,西藏艺术团在维也纳莱蒙特剧院演出。莱蒙特剧院是一座拥有百多年历史的宏伟建筑,是维也纳市政府下辖最重要的演出场所之一,那里上演过莫扎特的歌剧以及《歌剧魅影》《伊丽莎白》等著名的轻歌剧。安排在这里演出,足见维

访奥西藏自治区艺术团领导成员与东道主在欢迎晚宴上

也纳市政府对艺术团的重视。的确,中国西藏艺术团1994年在维也纳莱蒙特剧院的演出不仅是这次访奥最重要、最成功的演出,也是艺术团在国外最重要的、最成功的演出之一。演出之前的那几天,说实话,我们心里很忐忑,毕竟这是此访中第一次剧院演出,还是在当时那样的国际形势下。特别是,我们还得到消息称,来自西藏的艺术团在欧洲其他国家访演时遭受了严重的干扰和破坏:演出之前,就有"藏独"势力示威抗议,演出当中"藏独"分子呼喊干扰,甚至跳上舞台冲撞,致使演出无法继续进行。我们感受到极大的压力。维也纳市政府方面得知我们的忧虑后,有关方面官员表示:放心,他们已经做了必要的防范准备,不会让人在剧院捣乱。当天下午,艺术团乘坐的大轿车驶到剧院门前时,我们发现一辆来自瑞士的大轿车也开过来,上面下来一群人,手中挥舞着什么。正在我们担心要出事时,忽然,那群人中一个着藏装的女孩冲过来,抱住演员巴桑和朗嘎。原来,这女孩是旅瑞藏族姑娘额吉,她一下车就看到了一起长大但多年不见的邻居。额吉满脸泪花地说:"怎么是你们?不是说演员都是汉人装扮的吗?"他们三个哭着说着,说着笑着。西藏艺术团的领队丹增(西藏自治区党委副书记)走过去,对额吉说了几句话，然后热情地邀请她和她的同行人入座观看演出。额吉回过身对那些人说了几句话之后，那些人将手上的东西放回车上，便跟着丹增和额吉进入剧院，在前排坐下。

丹增刚刚落座，一个奥地利人来到他面前并送上了一份礼物，说过去他一直相信某些报纸上说的什么中国共产党欺压藏民，破坏那里的文化，使藏民生活在水深火热之中。一年前，他和妻子带着这种偏见随着一个团体（莫拉维茨教授组织的）去了西藏。在西藏，他亲眼看到了西藏的祥和以及欣欣向荣。那次访问中，正是丹增本人接见了这个团队，向他们介绍了西藏的发展和建设情况。这位先生被真相打动，随即决定让他妻子到西藏学习。这次听说丹增率团来奥，他特意赶来表示欢迎。

这场演出非常顺利，没有人呼喊干扰，反而是掌声不断。后排曾经有一个人掏出手帕大的"藏独"旗帜准备挥舞，但马上被他身后的两位观众制止了。坐在前排原准备闹事的那些人认真地观看、热烈地鼓掌，没有一个人做出干扰行为。演员们似乎被剧院的场景、设施、气氛，特别是2000名观众的认真、友好、尊重感染了，超常精美地展示了藏民族文化艺术的魅力。莱蒙特剧院舞台部经理兴奋地说，这是他们剧院五年来最优秀的非德语剧目。国际民间艺术组织秘书长、西藏艺术团来奥访演邀请人之一法格尔先生在演出后十分激动地说，这才是民族民间的艺术，更是民族民间艺术的精华。他们的演出是世界一流的水平。他当即联络萨尔茨堡国际民间艺术组织分部负责人，向他介绍自己的观感，交代他一定要安排好艺术团接下来的行程。之后，维也纳市文化局局长对我说："成功。我们都高兴，不是吗？"他还表示，市长本人也得到了演出圆满结束的消息，并向艺术团表示祝贺。

6月1日，艺术团根据国际民间艺术组织的安排，来到萨尔茨堡州南部阿尔卑斯山旅游度假滑雪地巴德霍夫嘎斯泰因，准备在这里演出三场：一场在当地的疗养中心礼堂，另两场分别在两个镇子的中心广场。

其间，东道主安排了艺术团乘缆车登山游览等行程。团员们到了山区，特别是登到峰顶时，有一种特别的亲切、轻松和兴奋之情，忍不住引吭高歌起来。疗养中心礼堂早早坐满了观众，他们表现出好奇、兴奋之情。演出一开始，那画面、那服装、那面容、那歌声、那舞姿一下子就迷住了他们。演出结束后，演员们多次谢幕，但是观众激动地站着鼓掌不肯散去。演员们下台后，观众围上去看服装、看头饰。一位德国女士发现文化处一秘刘英兰听得懂德语，便滔滔不绝地说出了她对西藏的了解，最后说很多人想知道演员们的服装服饰在哪里能够买到。然后，她对身边的观众说："看来我们下次旅游的目的地应当是拉萨！"

在高尔黛珂镇中心广场演出那天是 6 月 4 日，刚好赶上当地的一个民俗节日，西藏艺术团演出无疑成了节日的庆典节目。当团员们进入场地时，当地乐队奏起了迎宾曲，接着朝天鸣枪三响。节日庆典组织人代表邀请艺术团领队品尝葡萄酒。这时，广场上观众已围了个里三层外三层。一位游客从头到尾摄录了演出，事后，他对中方在场的光明日报社记者说："看到这些神采焕发、漂亮大方的演员，我真不敢相信他们来自西藏。我从报刊、电影、电视里读到看到的是藏民天天在受苦，天天在被枪杀。你们到这里来，欢快地演出，而且演得这么精彩，这太说明问题了，这才是最好的宣传！我要把我看到的这些告诉我的亲朋！"

西藏艺术团结束了来奥访演的行程。回国前，领队丹增深有感触地说："这次来奥地利访问演出，是近几年西藏艺术团组出国访演干扰最小、成果最突出、影响最大的一次。"几天后，《西藏日报》头版整版报道了西藏艺术团在奥地利访问演出的详细情况。

其实，不仅仅是中国西藏艺术团访演成功这一项，包括其他大大小小的活动，都直接或者间接地促进了中奥关系的改善和加强。1992 年，时任奥地利国民议会议长（后任总统）菲舍尔应邀访华；1993 年 4 月，奥地利总理弗兰尼茨基应邀访华，这是历史上联邦总理首次访华；1994

开拓篇

孙书柱参赞（右二）应邀到上奥州一中国研讨会上作报告

年1月，中国全国人大常委会委员长乔石应邀访问奥地利；同年6月，中国国务院总理李鹏应邀访问奥地利。两国领导人的互访是包括文化交流在内的各个项目实施与成功的基础、保障和促进力。这期间，维也纳爱乐乐团、维也纳童声合唱团、维也纳青年歌剧院也都应邀到中国访演。随着两国关系的改善和加强，两国文化交流进入活跃的新时期。

我第二次任职于中国驻奥地利使馆文化处是从2001年初开始的。那时，两国文化艺术团体的往来已经很活跃、很频繁了。比如，中国的各类音乐团体争相自费到维也纳金色大厅（维也纳音乐之友协会大厦的一个演出厅，是维也纳新年音乐会的演出厅和维也纳爱乐乐团的排练厅）演出，仅在2003年，预定在金色大厅演出的中国乐团就有11个。连续几年，使馆文化处在忙于联系沟通的同时，每每需要提前几个星期送请柬、赠票、分发票。这一现象表明了两国之间文化往来的宽松和活跃状态。

纪念罗生特

吕宏伟（中国人民对外友好协会欧亚部副主任）

2014年7月，在卢沟桥事变爆发77周年之际，中国驻以色列大使来到特拉维夫郊外公墓，代表时任中国国务院副总理刘延东向犹太裔奥地利医生罗生特墓敬献了花环。刘副总理敬献的花环题词为"缅怀抗日国际主义战士罗生特"。当年5月，刘延东副总理访问以色列时，曾深情地讲述了一段其父亲刘瑞龙将军与罗生特大夫并肩抗日、结下深厚友谊的真实故事，并当面向以色列总理内塔尼亚胡赠送了一张罗生特大夫与刘瑞龙将军等抗日高级将领的合影照片。

2015年9月，在中国人民抗日战争暨世界反法西斯战争胜利70周年之际，中国没有忘记曾经同我们共同浴血奋战的国际友人。"9·3"纪念活动时，中国人民对外友好协会代表中国政府邀请了近200位当年的国际友人或其遗属来华参加庆祝典礼，但遗憾的是其中缺少了罗生特大夫的亲属。罗生特大夫终生未婚，很多亲属被纳粹迫害致死。他的外甥女费丽亚曾两次来华参加有关纪念活动，但当我们再次联系时，却得知她已离世。9月3日这天，看着中国人民解放军雄壮的军威，看着中国人民和平美好的生活，看着这个他曾经为之长期奋斗的国度发生的翻天覆地的变化，我想，罗生特大夫应该能够得到最大的慰藉。

我1993年大学毕业后加入中国人民对外友好协会，听到的第一位国际友人的故事就是罗生特大夫的。1992年底，我会和山东省政府在莒南县，也就是罗生特大夫曾经长期生活战斗过的地方，隆重举办"伟大的国际人道主义战士——罗生特大夫"塑像揭幕及罗生特医院命名仪式。友协办公室的同事陪同奥地利联邦议会常务副议长率领的高级人士代表团前往出席，他们回来后不断提起"罗生特"这个名字。我阅读了办公室留存的当年出版的《罗生特在中国》纪念文集，张爱萍题写书名，谷牧作序，洪学智、叶飞、姬鹏飞、张震、陈士榘、梁必业、崔月犁、陈敏章等20位领导同志题词。罗荣桓元帅的夫人林月琴等老同志撰写了回忆文章，从不同侧面缅怀罗生特的不朽功绩。

1995年，我会举办《罗生特传》一书首发式，奥国防部长率代表团来到中国人民对外友好协会出席首发式，我当时担任翻译。我清楚地记得，中方领导里有赫赫有名的万毅将军。他曾任东北民主联军（后改称四野）一纵司令员，罗生特在他的纵队任卫生部长。万老当时患有严重的青光眼，几近失明，但他还是摸索着、让人搀扶着出席。这位当年的虎将轻声说，罗生特救过他，两人感情很深，纪念老战友他一定要来。

这些信息强化着我的好奇心：罗生特是谁？在阅读了大量书籍和史料的基础上，在一次次纪念活动中，在听了吴之理、李光、方政等罗生特当年的战友及警卫员的讲述后，他的形象在我心中逐渐丰满了起来、高大了起来。

罗生特本名雅各布·罗森菲尔德，1903年出生于奥匈帝国的加里西亚（今乌克兰境内），维也纳大学医学博士。由于出生在犹太人家庭，他在纳粹时期遭受迫害，被关进集中营。1938年，他流亡上海，在法租界开设诊所。他从小接受进步思想，同情劳苦大众和共产党人。经德共党员汉斯·希伯介绍，他放弃在上海的优越生活，投奔新四军，为反法西斯战争作贡献。

1941年3月，罗生特化装成传教士，穿过重重封锁，终于到达重建的新四军总部所在地江苏盐城，成为第一位加入新四军的国际友人。新四军为他召开欢迎大会，陈毅代军长主持，刘少奇政委致欢迎词。他随即被任命为新四军卫生顾问，主持人员培训工作，创办新四军华中卫生学校。"罗生特"这个名字就是当时新四军军医处长（后称卫生部长）沈其震给起的。1942年，经陈毅、钱俊瑞介绍，罗生特成为了一名中共特别党员。为了治疗罗荣桓严重的肾病，罗生特于1943年被调往八路军山东军区，任卫生部顾问。抗战胜利后，罗生特随罗荣桓奔赴东北，1946年秋被任命为东北民主联军一纵卫生部长，这是国际友人在我军里担任的最高职务。他在解放战争时期随军纵横白山黑水，参加了四战四平、攻克锦州等重大战役。1949年初，随四野进入北平。之后，他被查出患有严重的冠心病。

中国革命胜利后，罗生特惦念在奥地利的亲人，提出回国申请，并于1949年11月从上海返回奥地利。临行前，罗荣桓将自己的怀表赠给他留念并刻上"罗生特同志留念——罗荣桓赠"。刘少奇在天津接见了他。陈毅在上海亲自安排欢送罗生特事宜，并授予他三野、四野和上

罗生特与刘少奇、陈毅合影

海市颁发的中、德文荣誉证书，为他举办了隆重的欢送会，盛赞他是"活着的白求恩"。在回国的行李里，罗生特还珍藏着新四军和解放军的军装。

回国后，罗生特才得知母亲等亲人或去世或失散。时值冷战，当地社会知道他从中国回来，并不予以接纳。他曾希望重返中国，但由于种种原因未能如愿。1951年他去以色列探亲，一年后病逝于特拉维夫。

罗生特大夫是一个大写的人，一个有坚定信仰的人。他参加中国革命是出于对法西斯的憎恨，出于对中国共产党人的同情。当得知皖南事变后，罗生特气愤地说："国民党破坏了抗日统一战线，怎么能向自己人开火呢？我无牵无挂，我要去苏北。"沈其震告诉他苏北过的是"最原始、初级的生活，不适合外国人"。罗生特回答道："我关心的是正义。连纳粹集中营我都挺过来了，艰苦生活吓不倒我。"罗生特在思想上加入中共有一个转变过程。他原本只是想抗击法西斯。他早年是社会民主主义者，在加入新四军后，感到生活充实，生命更加有意义，认识到中共在全心全意为人民谋解放、谋幸福，这符合他的人生理想，因此才决定加入，并愿意在反对日本法西斯战争胜利后继续为中国人民的解放战争贡献力量。为了信仰，他经常冒着生命危险在前线做手术。组织上为了他的安全安排他去后方医院，他气愤地用中国话说，"不好办"。

罗生特是一个不计名利的人，生活简单的人。他放弃了在上海的优越生活来到苏北。要知道在当时的法租界，"乐孙特"（他的诊所名称）医生是小有名气的。初来盐城，新四军首长希望他当卫生部长，他婉言谢绝。调任山东后，罗荣桓想任命他为军区卫生部长，他拒绝说："我是外国人，不会中文，黄农（王雨田，曾任东北民主联军卫生部长、首任驻联邦德国大使）比我更合适。"罗荣桓于是任命他为卫生部顾问。黄农到达山东后，罗荣桓即任命其为卫生部长，以利于和罗生特配合工作。从这一事例中足见罗生特在罗荣桓心目中的地位之重。

罗生特生活上不讲特殊，平时和大家一样吃煎饼和粗粮。喝一口缴获的咖啡对他来说就像过新年。上级分给他的巧克力、奶糖等，他总是和大家分享。1945年1月，在罗生特42岁生日到来时，警卫员问他想吃点什么，他说给我包42个饺子吧。警卫员很是惊讶：就这么一点儿要求？再说他哪有那么大饭量呢？罗生特解释说，在奥地利，过生日时他要与家人分享生日蛋糕，还要插上生日蜡烛。没有蛋糕就入乡随俗，吃饺子吧。

罗生特是一个具有精湛医术和高尚医德的人。他是维也纳大学医学院综合医学博士，在当年解放区工作的国际友人中学历应是最高的。他曾在维也纳大学附属医院工作，后开设私人诊所，主攻泌尿外科。在根据地十分有限的医疗条件下，经他精心治疗，罗荣桓严重的肾病得到控制，确保他可以安心主持山东军区的工作。1944年，山东军区滨海支队司令员万毅在作战中被日军打伤，舌头被打穿、七颗半牙齿被打掉，罗生特救治了他。组织上高度信任罗生特，授权只有他可以动用那些费尽周折才弄来的少量磺胺和盘尼西林。据回忆，罗生特一到盐城就开始给病人做手术，每天都是从早晨八点工作到晚上一两点，其间还帮着抬担架。他开办学校，编写教材，亲自授课，为我军培养了大批医疗人才。

根据地来了"洋神医"的消息不胫而走。穷苦百姓纷纷慕名前来，罗生特对他们也是有求必应。战争年代，根据地人民生活贫苦，何谈讲究卫生。老乡们一解开衣服，常常露出长满疥疮的皮肤。罗生特原来在上海租界的生活是颇为讲究的，可在根据地，他彻底改变了。罗生特对这些患者往往不用听诊器听诊，为了追求诊断准确，他会毫不犹豫地把耳朵贴近这些患者的身体。在缺医少药的根据地，他成了"万能"大夫，治好了血吸虫病、化脓性中耳炎等各种病症。50年后，当年曾得到过罗生特救治的山东农民张月芹把一面锦旗赠给罗生特的外甥女以表达感激之情，锦旗上绣着"没有罗生特医生，就没有俺一家人"。

罗生特的一生颇具传奇色彩，他是在我军驻留时间最长的外国友人，前后长达八年。他不但参加了抗日战争，还参加了解放战争。他同很多我党和军队领导人结下了深厚友谊。他还对我党、我军领导人进行了访谈，准备将来写书，向世界宣传新中国，宣传这些有血有肉的共产党领袖。他希望去延安，后虽已出发，但由于道路封锁没能实现。陈毅同志在 1942 年给罗生特的信中写道："你以反法西斯盟友的资格，远渡重洋，来中国参加抗战，同时更深入敌后参加新四军工作。新四军的艰苦斗争为你所亲见，所身受。新四军的一切，你永远是一个证明人。"

20 世纪 70 年代，哈里·斯贺洛夫斯基首次向奥中友协讲述了罗生特的事迹。斯贺洛夫斯基是奥中友协成员，曾作为奥地利共产党《人民之声报》记者常驻北京。后来，唐克（曾任石油工业部部长）访问维也纳期间回忆起了罗生特。随行的一位司长夫人抗战时是护士，在罗生特处工作过。司长夫妇二人向友协提供了一篇罗生特原警卫员刘洪德的回忆文章。通过刘洪德，友协又找到了罗生特的另一位警卫员李光。他们二人提供了详尽的第一手资料。

作为中国最大的从事民间外交的机构，中国人民对外友好协会 20 多年来举办了多次纪念罗生特的活动，大力宣传了中奥两国友谊的象征——伟大的国际主义战士罗生特的事迹。

1992 年 10 月，我会邀请奥方高级代表团参加在山东举办的罗生特纪念活动，该团在京期间受到时任国家主席杨尚昆的接见。1998 年 4 月，时任全国人大常委会副委员长布赫访奥，同奥联邦议会议长一同为罗生特故居纪念牌揭幕。2003 年 4 月，罗生特诞辰 100 周年之际，我会在国家博物馆举办了"罗生特生平展"，时任全国人大常委会副委员长王兆国和奥地利联邦议会议长哈塞尔巴赫女士出席。这一纪念活动也得到了奥地利驻华使馆的大力支持。我还清楚地记得，我会制作了纪念罗生特诞辰 100 周年邮折。为了邮折设计，我曾同当时的公使石迪福先生多次联络，并逐渐熟识。令人高兴的是，他2017年重返北京，出任驻华大使。

中国人民对外友好协会历任领导都十分重视纪念罗生特的活动，要求宣传好这位伟大的国际主义战士。

2015年7月，时任会长李小林访问奥地利，向奥中友协赠送了罗生特生前用过的两件物品：一条围巾和一个餐具布袋。这两件物品是罗生特离开中国前赠送给他的警卫员李光的。正值世界反法西斯战争胜利70周年之际，李光的遗孀龚幼林从成都专程来到友协，将珍藏了近70年的两件物品捐出，希望供中奥双方作纪念和研究之用。

李小林会长在总统府拜会了菲舍尔总统。菲舍尔总统十分了解我会牵头组织的有关纪念活动。1992年他担任国民议会议长时曾写信给我会，对友协的工作表示感谢。值得一提的是，菲舍尔总统是民望甚高的政治家，他曾11次访华，对中国非常友好。2016年，在结束长达12年的总统任期后，菲舍尔旋即担任奥中友协主席。我曾有幸于2017年和2019年两次全程陪同他完成访华行程。他的风度、睿智和对中国的了解与喜爱给我留下了深刻印象。

2003年，《中国的大时代——罗生特在华手记》一书出版。时任国家主席胡锦涛为中文版题写了贺函，他写道："罗生特大夫从1941年到1949年间，把自己最宝贵的年华贡献给了中国人民的解放事业，他的光辉业绩已载入史册。他是中奥人民友谊的象征，将永远为后人所缅怀。"

2021年，中奥迎来建交50周年。在中奥友谊的历史星空里，罗生特大夫无疑是最闪亮的那一颗星。"吃水不忘挖井人"。正是罗生特这样的先驱所作出的伟大贡献，奠定了两国民间友好的基础。我们将永远怀念他！

我与中国
——一位维也纳女汉学家在奥中建交 50 周年之际的感怀

玛格丽塔·格里斯勒·赫尔曼(奥地利维也纳市政府市长办公室副主任)

一个"长鼻子"的西方人能同样学习好中文吗?没有口音?或至少可以以某种方式让对方理解你和认真对待这件事情?很多年前,我在开始学习中文时,曾这样询问维也纳大学汉学系的学生。他们的答案是"是的",你所具有的音乐特长将是学习语言的一个优势——容易掌握汉语的声调发音。因为音乐是流淌在维也纳人的血液里的!因此,我在维也纳大学就读了汉学和语言学。当时在大家眼里,中国离我们很遥远,不仅对我而言,对其他西方人来说,中国也完全是未知的一片土地。我不确定我是否能在这条路上走得很长,因为实在太艰难、太陌生、太遥远……但是我很好奇,很好奇!

从那以后的 40 年,我从未后悔过我的决定。1982 年至 1989 年,我往返维也纳和中国学习汉语,沉迷于中国文化和历史,感情越陷越深,中国成了我的"第二故乡"。

我与中国的相遇是缘于无数次的旅行和学习工作的短期逗留,这不仅拓宽了我的视野、知识和理解范围,还给了我值得一生去维系的友谊和难忘的时光。

在学习汉语的第三年,我获得了一笔奖学金,不是来自北京,而是由山东省会济南的山东大学提供的。济南大概有 200 多万居民,但当时感觉仍不发达。1985 年，我在没有手机、没有笔记本电脑、没有 PC（台式电脑）的情况下去那里学习，邮寄给维也纳的一封信，路上至少要花 14 天，拨打一次国际长途电话还需要登记预约。于是，我母亲总是会仔细盘算，她可以从维也纳寄给我哪些好吃的东西，这样可以让我在学习之余，仍然可以享受到维也纳的食物。2009 年夏天，我坐在绒布寺附近的珠峰大本营，在一碗美味面条的前面，用手机给我的姐夫发送生日祝福，他及时回复感谢。从 1982 年到现在，中国发生了巨大变化，当然有些传统的东西仍没有改变，这是一件好事。

  我的部分研究重点是关于中国晚清著名人物慈禧的，为此还去了北京故宫博物院进行相关资料的收集。我对慈禧太后特别感兴趣，在北京查阅资料、准备论文的几周时间里，我每次都怀着浓厚的兴趣和虔诚的敬意进入紫禁城，进入中国第一历史档案馆，研究了解清朝末年的皇帝圣旨和法令等。在收集这些故事的过程中，大量历史资料我都是手写做笔记，因为当时还没有复印机。

  完成学业后，我本来希望留在维也纳大学工作，但结果却有所不同。自 1991 年以来，我一直在维也纳市长办公室从事国际关系和外事交流工作，因此有机会和我的"第二故乡"中国保持联系，帮助支持许多奥中合作项目的开展。首先是将中国护士引进维也纳卫生系统，帮助解决维也纳医院和养老院护理人员的缺失问题，并构建起中国和奥地利医学专家交流的网络体系；其次是连续 20 年担任一年一度在维也纳金色大厅、市政大厅举行的中国新年音乐会的双语主持人，发挥了东西方之间文化交流融合的使者的作用；第三是参加每年 5 月在维也纳历史博物馆等场所举办的维也纳联合国"中文日"活动的音乐会，并担任主持。可能是出于对我的特殊贡献和工作的赞赏，也为了更好地促进两国文化理解和民间友好，中国的华为公司邀请我作为"未来种子"计划奖学金的奥地利获得者，作一些关于中国的演讲，对此我欣然接

玛格丽塔和赵忠祥一起主持在维也纳金色大厅举办的中国新年音乐会

受。因为我很高兴能够为两国之间如此重要的友好关系搭建知识桥梁，贡献一份力量。

奥中建交至今已有 50 年，可以说，在其中近 40 年里，我有幸成为其中的一小部分。作为亲历者和见证者，现在我要特别真诚地表达感恩之情。

感谢能有这个了解不同国度的机会，使我与中国更加接近。同时，让我能帮助其他的西方人去接近中国。

非常幸运，我遇到一个中国家庭，他们像欢迎自己女儿回家一样欢迎我来到北京，让我在异乡的生活倍感温暖，使我得以遇到许多中国的亲朋好友。

非常幸运，我有一位中国老朋友和生活老师，他使我对自己国家的历史以及对中国的近代史有了深刻的理解和认识，他给我留下许多美好的回忆。

感谢所有一直陪伴并支持我的中国朋友，他们让我更真实地了解了他们的国家、我的"第二故乡"。他们的帮助让我更易于理解中国的文化历史和今天的发展。

最后，也是非常重要的一点，特别要感谢我的父母，是他们让我独自旅行，支持我去中国留学，才使我能够迈开脚步，开启了一段当时对我而言还是未知的、遥不可及的东方世界的旅程。

"千里之行，始于足下"。中国与世界的距离越来越近。衷心祝愿奥中两国在未来的"一万年"中继续维护和平、互相尊重、共同繁荣、向前发展！

25 年教育领域合作结硕果

布利吉特 · 温克琳娜（奥地利萨尔茨堡大学副校长，欧亚太平洋大学联盟前主席）

奥中建交 50 周年，对我而言，也是回顾个人与中国在教育和科研领域合作的好机会。我可以回忆一些我一生中与中国高校和科研机构之间相互交流的重要时段，特别是不同文化背景的人们之间的宝贵接触和一直持续到现在的友谊。

我的首次中国之行，是在 1995 年，当时我去了北京和陕西西安。那是受萨尔茨堡大学之托，我以该校负责外事工作副校长的身份，到中国去与中方高校建立初步的接触和联系。起初，我们优先考虑的是北京大学、北京外国语学院（现北京外国语大学）和西安的西北大学。1996 年起，萨尔茨堡大学就同上述中方院校签订了初步的双边协议。后来，又陆续同复旦大学、成都体育学院以及香港大学等达成了合作协议。

同中方院校的会谈，双方从一开始就本着非常建设性和务实的精神，因此很快就谈到了共同组织活动的问题。例如，由一伙伴大学长期选派客座教授到萨尔茨堡大学教授中文；交换短期客座教授；组织奥地利大学生到复旦大学和北京大学过夏令营；在北京大学、复旦大学和萨尔茨堡大学之间互设办事处。

经过与萨尔茨堡大学领导和当时的奥地利政府教育、科学与文化部的积极争取，1998 年在萨尔茨堡大学设立了中国中心。它的目标是建成一个跨学科的研究机构，为不同学科的学生提供一个额外的学位机会，以便他们更多了解当今现代化的中国。该中心主要教授中国的政治、法律、经济和文化知识，以及跨文化的管理理念。

从 1997 年开始，我率领许多大学领导代表团访华，拜访当时的对口大学，并且接待中方伙伴高校代表团来访萨尔茨堡大学。

1998 年，在西安的西北大学，双方首次共同举办了研讨会，有约 20 名萨尔茨堡大学师生参加，主题是"古代丝绸之路对当代政治、经济和文化的意义"。此次研讨会举办的同时，还举办了一场萨尔茨堡地区经济文化展，此外，在北京大学举办了一场萨尔茨堡莫扎特音乐学院学生音乐会。此次中国之行的目的之一，就是让萨尔茨堡大学更多的人了解中国，同时与中方院校建立初步的专业接触。

1999 年 3 月底，萨尔茨堡大学中国中心正式揭牌，恰逢时任中国国家主席江泽民访问维也纳和萨尔茨堡。中方伙伴高校的代表参加了揭牌仪式，他们是北京大学校长助理郝平教授、复旦大学校长王生洪和外事处负责人沈丁立教授、西北大学外事处负责人李长安、香港大学副校长戴义安。

温克琳娜与时任北京大学校长助理郝平教授合影

1999 年夏天，奥地利科技部首次颁发奖学金，用于组织"中国专利——现代中国关于科学和经济学之研究"夏令营。该活动定在北京大学和上海复旦大学举办，主要内容是开展经济、政治、法律、文化等方面的交流对话以及中国语言等专业讲座。此次活动由我发起。

自 2000 年以来，由于来自奥地利各不同院校学生参加夏令营的人数越来越多，这一活动只得分为两组进行。后来，双方很快又在北京外国语大学组织了另外一种形式的夏令营，其主题是中国语言的入门培训。参加夏令营活动的学生所取得的成绩可记入学分。目前，已有超过 1000 名奥地利大学生参加。

根据中国伙伴高校的意愿，从 2002 年起，我们也开始举办中国大学生到奥地利和布鲁塞尔的夏令营，并且组织他们附带到其他欧盟国家进行短期参观。迄今为止，参加此类夏令营活动的中国大学生已超过 2000 人。上述所有夏令营活动，均由萨尔茨堡大学中国中心负责组织安排。受新冠肺炎疫情影响，近期中国中心首次计划在线上组织类似夏令营。

多年来，北京大学、北京外国语大学以及中国其他伙伴高校，一直轮流负责给中国中心指派中国客座教授，其费用均由中国国家汉办支付。

从 1999 年开始，其他中方伙伴高校也向萨尔茨堡大学提供了若干短期客座教授名额。

多次国家层面和高等院校之间的代表团互访，表明奥中高校间的这种合作将来还有很大发展空间，不论是大学生的交流，还是科研合作以及艺术和文化领域的合作都是如此。然而，现实问题是要长期维持中国中心运转，完成所有任务，仅靠我所支配的捐款和萨尔茨堡大学所提供的专项支持是远远不够的。因此，我于 2000 年向教育、科学与文化部（时任部长是伊丽莎白·盖勒，办公厅主任是皮特·马林格）提出建议，设立一个由奥地利大专院校和其他科研机构参与的网络，以便同东亚、中亚以及太平洋地区国家进行合作。经过较长时间对于该网络目标和资金问题的讨论，由我提出的项目草案得以通过，名称定为"欧亚太平洋大学联盟"。为了促进这一多边网络项目，推动奥地利大专院校和其他科研机构与目标国院校进行科研合作，教育、科学与文化部决定暂拨一年经费。先期的重点是中国和蒙古。我们还在教育部的支持下，向奥地利科技发展委员会提出申请，拨款赞助该网络目的国选派博士生的差旅费。

盖勒部长（左二）访问北京期间，由陈至立部长（左一）陪同访问北大。右二为时任北京大学校长许智宏。

2001年7月，时任中国教育部长陈至立访问维也纳和萨尔茨堡。在访问维也纳期间，盖勒部长和陈至立部长就在奥中之间建立教育网络和扩大现有合作达成协议。除此之外，双方还在现有文化协定的基础上，就承认学科成绩、拓展共同的学习机会、扩大夏令营规模等议题提出了许多建议。陈至立部长还邀请盖勒部长当年回访北京。同年9月，在盖勒部长访问北京期间，正值70多名奥地利大学生到中国参加夏令营活动。两国教育部长商定，将在奥地利为中国大学生举办夏令营活动，以加深他们对奥地利和欧洲的了解。应北京大学校长邀请，盖勒部长访问了北大，在那里为萨尔茨堡大学中国中心发起的一届夏令营揭幕。她还参加了一场国际会议，会议主题是"欧洲旅游文学中的中国形象"。在这次会议上，由奥中两国研究团队共同完成的研究项目《清代外务部中奥关系档案精选》第一卷，被赠送给了盖勒部长和陈至立部长。

一直以来，奥中科研合作始终受到关注，并且得到了热情支持。在过去的几十年，两国政府对伙伴式合作的不断推进，很大程度上促进了奥中友好关系的发展。2003年10月，奥地利科技发展委员会首次批准每年向欧亚太平洋大学联盟额外提供资金，这为增加短期客座教授名额、向在奥地利大学工作的中国博士生和准博士生发放助学金铺平了道路。

长期以来，在欧亚太平洋大学联盟加快建设并不断扩大至奥地利、中国以及其他国家的过程中，奥中两国政府特别是外交代表机构以及外贸机构提供了很大的支持和帮助。对于作为联盟主席的我来说，重要的是与对两国教育合作感兴趣的代表们不断进行沟通和协调。

欧亚太平洋大学联盟首届全会于2004年10月在北京大学举行。当时，该联盟成员包括来自奥地利、中国、俄罗斯、蒙古和吉尔吉斯斯坦的41所伙伴高校。潜在成员高校的代表也列席了此次会议，约130人与会。会上，盖勒部长、周济部长、北京市代表、奥地利科技发展委员会伯恩教授和我（作为联盟主席）发表了讲话。奥地利代表团成员还包括科技部代表、奥地利科学院院长、奥地利驻华大使等。次日，已升任国务委员的陈至立在中南海接见了奥地利代表团。

欧亚太平洋大学联盟后来还举行过多次全会：2008年在上海复旦大学；2010年在南京（得到时任江苏省委常委、南京市委书记朱善璐支持）；2012年再次在复旦大学举行。2012年以后的全会，均在奥地利维也纳举行，由我的接班人、联盟主席沃尔夫·迪特·劳施教授和我（作为名誉主席）共同主持。2005年，在时任复旦大学校长王生洪和我（作为萨尔茨堡大学中国中心主任、欧亚太平洋大学联盟主席）的共同倡议下，在双边伙伴关系的基础上，复旦大学奥地利中心正式挂牌。中心首先建立了一个奥地利图书馆，由萨尔茨堡大学选派一名语言教师常驻。2005年9月，盖勒部长签署文件，决定设立欧亚太平洋大学联盟办公室。2010年，欧亚太平洋大学联盟进行行政重组，被划入奥地

2004年8月,奥地利教育考察团访问中国新疆维吾尔自治区石河子大学

利交流中心,除了继续经营复旦大学奥地利中心和联盟办公室之外,还在上海建立了合作办公室。直至2012年,欧亚太平洋大学联盟每年都在复旦大学举办"奥地利日"活动,组织展览、报告会、奥地利音乐学院学生音乐会。此外,从2005年起,我们还与北京市教委进行了密切合作,并与北京其他科研机构开展合作。我们每年会同中国的伙伴高校一起组织许多专题会议,以便让来自奥地利不同大学的专家们能够与他们的中国同行进行对话,建立网络联系。我们通过尽可能多地向中国科学家提供短期客座教授名额和提供博士研究生奖学金,来加强奥中两国教育合作。2004年起,我们还向陕西省和新疆维吾尔自治区各两所大学的贫困家庭本科生和硕士生颁发定点奖学金。

欧亚太平洋大学联盟通过其建设性的工作方式,在中国开展共同科研项目,举办各种会议,组织多边科技合作,也在政治层面表现相当突出。根据双方共同愿望,在医学、技术、自然科学、思想和社会科学领域,成立了多家联合研究机构,包括:

2004年,在上海复旦大学设立中奥媒介传播管理中心;

2006年,在北京大学医学部设立中奥生物标记中心,与此同时,北京市教委支持并设立了一个网络联盟办公室;

2007年,在西北农林科技大学设立中奥环境保护研究中心;

中奥中医药合作研究项目"中医药与老年性疾病"进展报告会合影（前排右三为温克琳娜）

2007年，在中国中医科学院设立中奥中医药合作中心；

2007年，在上海同济大学设立中奥隧道与地下工程研究中心；

2009年，在北京交通大学设立中奥物流创新研究中心；

2007年，北京的中国音乐学院成立了中奥联合音乐大学。由该校与萨尔茨堡、维也纳和格拉茨的三所奥地利国立音乐大学合办。

2010年，欧盟委员会在北京就欧盟成员国与中国在教育领域的合作进行调查，结果令人惊讶：正是这样一个较小的成员国——奥地利，与中方保持着最为密切的联系。其成功的主要经验是，对于同中方的研究合作，奥地利制定了具有良好建设性和统一的规则，并由欧亚太平洋大学联盟统一协调同中方高校和科研机构的合作。

2012年10月，欧亚太平洋大学联盟在复旦大学召开第四次全会。我始终对复旦大学感到特别亲切，不仅因为时至今日奥地利中心一直设在那里，而且因为该校多年来对萨尔茨堡大学中国中心和欧亚太平洋大学联盟的所有活动均给予了大力支持。

2012年，欧亚太平洋大学联盟在13个成员国中已有147所大学成员：其中奥地利 40 所，中国 58 所，其他伙伴院校分布在韩国、朝鲜、蒙古、俄罗斯、吉尔吉斯斯坦、哈萨克斯坦、塔吉克斯坦、乌兹别克斯坦、尼泊尔、不丹和印度。如此说来，欧亚太平洋大学联盟也成了一条"教育和科技合作的丝绸之路"。在联盟第四次全会上，我将领导权交给了维也纳兽医大学的沃尔夫·迪特·劳施教授，他曾多年担任联盟副主席。此后，欧亚太平洋大学联盟得以持续发展，如今已有 150 个成员单位。

对我而言，"中国 25 年"是一段神奇的日子，得以让我更好地了解这个国家和她的人民。特别是它让我经历了中国经济的飞速发展，不仅城市面貌不断发生变化，而且农村生活也在逐步得到改善。自世纪之交以来，中国在城市建设方面的速度之快令人瞩目：在闲置土地上大面积植树造林，种植花草，自然环境变得更宜居了；公路和高速铁路网络不断得到建设和扩展，除了四通八达的空中航线，公路和高速铁路对旅行者越来越具有吸引力；中国城市的许多机场非常现代化，正在高效安全地运送着大量旅客。此外，从我作为一名经常因公单独出差的女性的视角观察，中国是一个非常安全、适合旅行的国家。

我非常感谢那些中国高校的朋友们，他们经常利用周末空闲时间陪我到农村去，不仅去参观名胜古迹，而且让我更加接近那里的百姓。未来，我还将同我的众多中国朋友们保持密切联系。对于所有支持我在中国工作，以及承认我为奥中教育合作所做努力的各界朋友，我衷心地表示感谢。

获中国政府友谊奖

交流篇

> 彼得·魏特曼：缘分
> 李夏德：我与孔子学院结缘 15 年
> 胡君亶：我给卡拉扬当翻译
> 常恺：音乐之都维也纳的金色回响——纪念中奥建交 50 周年及维也纳中国新年音乐会 20 周年
> 倪铁平：民间外交结硕果——记旅奥侨领倪铁平
> 何源恒：我的奥地利好友司利华先生
> 马世吉：奥镁——铸就中奥合作典范

缘分

彼得·魏特曼（奥地利总理府原国务秘书、国民议会前议员，维也纳新城前市长）

早在奥地利和中国建立外交关系之前，中方在维也纳就已经设立了一个中国商务代表处，建立了发展中奥关系的桥头堡。

我的父亲在与这个代表处建立联系之后，曾于1966年应中国政府的邀请首次访问中国。而我则从孩童时代开始，就与中国产生了联系。

我仍清楚地记得，小时候，父母曾多次带我应邀到当时的中国商务代表处做客。因此，我相信自己是与中国进行最初联系的极少数奥地利人之一。后来，奥中两国于1971年正式建立了外交关系。

如此说来，我也是经历奥中伙伴关系所有发展阶段的极少数见证人之一。

我还清楚地记得，为了最终同中国建立外交关系，我的父亲曾多次做当时的奥地利联邦政府的工作。

这项工作之所以并非那么简单，是因为受当时的反华政治大气候的影响。也因此，我的父亲在家乡也遭遇到不少质疑。尽管如此，对他而言，能为推动奥中建立外交关系做些事情，才是更为重要的。

1971年两国建交时，任何人都不曾预见，奥中双边关系将取得如此成功的飞速发展。

1971年，中国驻奥地利大使馆入驻现今的馆址。我的父母与当时的中国大使关系相当密切,甚至还受邀参与了使馆大楼的内部装修。

由于我的父母与历任中国大使都保持着良好的关系,我从孩童时期就开始接触、了解中国和中国文化。

当时,世界正处于东西方被严重隔离的冷战时期,成为中国的朋友并非自然而然的事情。为了进一步增进对中国的了解,以及拓宽对两国关系继续发展的观察视野,我在获得奖学金后赴中国继续深造。

从法律专业毕业后,我于1981年至1982年有幸到北京语言学院(现北京语言大学)学习。

1981年的北京街景。当时,人们出行的主要交通工具是自行车

1981年的北京,当时最高的建筑是北京饭店

当时中国的条件完全不能同现在相比。生活条件简陋,学院里仍然保持着一个非比寻常的国际大家庭的良好气氛。同学们来自世界各地,包括非洲、美洲、东亚、欧洲、澳大利亚以及阿拉伯国家。对在那里学习的每一个人来说,能够如此近地感受中国,就像一次真正的冒险,的确会留下深刻印象。或许可以这样简单描述当时的日常生活:在上课之外,闲暇时我们就骑上自行车到市中心去。骑自行车从我们学院到天

安门广场，需要两个半小时。当时，不仅我们留学生骑自行车，数以百万计的中国人也都骑自行车。马路上骑自行车的人，包括我们留学生，都统统身着蓝色制服，相互之间基本没有什么差别。当时，马路上连一辆私家小汽车都没有，任何车辆都必须挂有一个单位的车牌。等到1982年我的学业即将结束的时候，报纸上才报道国家批准了私人购买小汽车。虽然当时的生活条件和环境十分简陋，然而，这正是其吸引人之处——人们可以心无旁骛，骑着自行车转悠上五个小时，进城去了解发展起来的新城区的魅力和文化，而不像现在这样，受到业余活动的干扰。当时，北京还没有摩天大楼，最高建筑就是12层的北京饭店。因此，能够走进中国寻常百姓的生活，经历这一切，委实是一种独特的体验。

如此说来，中国的发展就更加让人印象深刻了，特别是对像我这样经历过20世纪70年代中国的生活状况的人来说，今天的中国发生了翻天覆地的变化。人们可以看到，这个伟大的国家在近半个世纪的时间里取得了何等辉煌的成就。

同一时期，奥地利也发生了很大的变化。我仅举一例，当年维也纳尚没有地铁，而今四通八达的交通线在当时是难以想象的。

如果人们以此为出发点，就会发现，这两个国家都发生了实质性的变化，而双边关系的发展在其中扮演了重要角色，这简直就是一个成功的范例！

1982年，我从中国回国后，很幸运地走上了从政之路：先是当选维也纳新城市长，然后担任联邦总理府负责欧洲、艺术和体育事务的国务秘书，从2000年到2019年担任奥地利国民议会议员。从政期间，我为推动奥中双边政治关系的进一步深化而积极行动、贡献力量。例如，作为个人，我经历了奥中之间民间文化交流的一段高潮；作为文化国务秘书，我负责组织了维也纳国家歌剧院到北京的演出——据我所知，这

1981年的上海浦东（左）和2017年的上海浦东（右）对比

是维也纳歌剧院在中国的最后一次演出。这是两国文化关系的高潮之一，肯定也是我一生中的亮点之一。

后来，我经常接受官方邀请，作为各种代表团成员访问中国。历次作为代表团成员访华，让我能目睹中国正以何种非凡的前进步伐，逐渐发展到今天的模样。

从修建新的公路，到一片片城区拔地而起；从修建新的机场，到陈旧的老铁路被高速铁路所替代……人们还没忘记，以前乘坐陈旧的火车从北京到上海总共要花20个小时，而现在"复兴号"高铁只需要4个小时。人们不难发现，中国的基础设施正以何种非凡的速度不断改进！

2015年，奥地利联邦总统海因茨·菲舍尔应习近平主席的邀请正式访华。我有幸作为代表团成员之一，参加了同习近平主席的工作会谈。

这一切，对我个人而言也具有重要意义。伴随两国关系的不断发展，我也经历了成长蜕变——从交换留学生到受到习近平主席亲切接见的贵宾。

因此,人们可以从我个人的亲身经历中,发现奥中两国关系究竟是如何成功发展过来的。作为奥中关系亲力亲为的见证者,我试图以自己的成长过程来讲述它的发展轨迹。这是一种与众不同的非常个性化的讲述。我的经历表明,在两国关系每一步发展背后,都需要各种力量的支持——他们坚信两国人民之间的关系必将得到不断发展,并且为此而辛勤工作。

我相信,今后的50年,奥中关系必将会像过去的50年那样,谱写出更加辉煌的篇章。同时,我祝愿中国在成功的道路上继续奋进。我坚信中国作为世界大国,在发挥其作用方面将会谨慎行事,为世界各国人民谋幸福!

我与孔子学院结缘 15 年

李夏德（奥地利维也纳大学教授、孔子学院奥方院长）

中国和奥地利相距近 8000 公里，尽管存在诸多差异，但在某些方面两国又高度相似，例如对文化的高度重视、对自然的由衷赞赏，以及两国人民都以乐观的态度面对生活，即使有时会面临巨大的挑战（如 2019 年末暴发的新冠肺炎疫情）。因此，两国、两国人民和个人之间始终存在着"交汇点"。奥地利电视台有一个专题报道节目——《交汇点》，它以"奥地利与中国的交汇点"为主题，特别从文化和自然的角度，对奥地利和中国进行了对比。这源自维也纳大学孔子学院的倡议。

2021 年，我们不仅庆祝奥地利和中国建交 50 周年，而且还迎来维也纳大学孔子学院成立 15 周年。维也纳大学孔子学院成立于 2006 年，与世界各地约 550 个姊妹机构共担其使命，即传播汉语和中国文化。自孔子学院成立以来，我一直担任学院的奥方院长。我对中国进行的多次访问都与此有关。其实，我的中国之行，可以追溯到更久以前。

1974 年，我获得了一项奖学金，得以在当时的北京语言学院（现北京语言大学）学习。1973 年 10 月，我开始在新成立的维也纳大学汉学系学习。1974 年 2 月，我作为学科助理，有机会参与了该系的建设工作。不久之后，我申请了中国政府奖学金，并得到了奥地利科技部的批准。自此，我踏上了前往中国的行程。

10 天之后，我终于抵达北京，一进校就开始了为期两个学期的中文学习。对我来说，几乎每天都是一次新的冒险，因为除了上课之外，我还想了解20世纪70年代的中国城市和居民的生活。那段时间，自行车是我的忠实伴侣。回想起我在北京学习的时光，至今仍然历历在目，就像昨天刚发生过一样浮现在眼前，因为它对我的未来生活产生了巨大影响。在过去的半个世纪中，我与中国始终保持着密切联系。

1978年，我在维也纳大学获得博士学位。那年，我带领我的第一个旅游团访问了中国的北京、沈阳两个城市及华南地区。1979年，我独自一人进行了更加广泛的旅行：从北京经内蒙古和甘肃到达新疆，再向南到达四川和云南。20世纪八九十年代，我又去了中国其他省份，包括福建和山东，也去过西藏自治区。其间，我爬了泰山，拜访了孔庙，完成了包括对武汉大学在内的许多考察访问。

李夏德教授参加2014年中国西藏发展论坛留影

自1975年以来，我长期在维也纳大学汉学系工作，直到66岁退休前，一直教授中国文学。1997年，当时的维也纳大学校长埃本鲍尔邀请时任中国驻奥大使卢永华共进工作午餐，商讨维也纳大学应该与哪所中国大学签订合作协议。我作为汉学家陪同参加会见。会见后，我们确定北京大学为合作院校，不久，双方校长签署了合作协议。

1998年，北京大学庆祝建校100周年，我有幸陪同埃本鲍尔校长应邀参加大型庆祝活动。为了确保这种伙伴关系的可持续开展，维也纳大学特别设立了"中国专员"一职，并将这项任务委托给我。我怀着极大热情，开展了许多合作项目，陪同科学代表团访问中国，并接待了众多中国代表团的来访。在接下来的几年中，为拓展伙伴关系网络，我们又与其他中国院校（如中国人民大学、中国政法大学等）签订了合作协议，还与一些机构（尤其是法律领域的，如中国国家法官学院）进行了接触和合作。我多次访问国家法官学院，并有幸在其校园内栽种了一棵"友谊树"。这是由我倡导发起的"栽种友谊"活动的一部分，其他"友谊树"栽种在孔子诞生地曲阜、银川的宁夏大学校园，以及长春大学。我种下这些树木，不仅代表着奥中之间的友谊，而且象征着我们对于地球环境和生态系统负有共同的责任。

我在中国期间，经常被邀请接受中国媒体的采访，例如人民网。令我感到惊讶的是，2008年在接受光明日报采访后，我的照片竟然被刊登在潘基文和奥巴马的照片旁边。我与母校北京语言大学有着更密切的联系，并被聘为语言学系客座教授。几十年来，为了提高奥地利人对中国语言和文化的兴趣，我不仅在维也纳大学汉学系，还在维也纳外交学院、维也纳大学东亚研究所（2000年以来）和孔子学院（2006年以来），通过讲座和教学工作做出自己的努力。因此，我荣幸地获得时任中国国务院副总理刘延东亲自颁授的"孔子学院先进个人"荣誉证书，获得奥地利议会颁发的"约翰·拉贝努力理解中国奖"，以及阿图·冯·罗斯特恩奖章。

在过去50年里，我一直不间断地访问中国，多是去参加会议或伙伴机构活动，几乎走遍了中国各地。2013年，我在海南政法职业学院举办了一场报告会。由于我访问过海南多次，便于2019年创立了"奥地利—中国海南协会"。2014年，我第二次访问西藏，在中国西藏发

李夏德教授与他在山东曲阜中国孔子研究院栽种的"友谊树"

展论坛上作了报告。每到夏季,我总会带着维也纳外交学院的各国学生,到北京、上海和海南去。

2020年以来,因受新冠肺炎疫情的影响,我无法前往中国旅行,不过好在可以继续与中国保持联系。我希望将来还能够到中国去,这样,我就可以再去栽种"友谊之树"了。

我给卡拉扬当翻译

胡君亶（中国前驻荷兰大使王庆余夫人，曾任中国驻德国使馆新闻专员）

卡拉扬已经离开我们多年，每次想到他，我就必然会回想起和他面对面相处的几天，眼前就浮现出他和我谈话的情景，以及他两次赠我的极为珍贵的、有他签名的照片。

赫伯特·冯·卡拉扬（1908—1989），出生于萨尔茨堡，是奥地利著名指挥家。他带领过欧洲众多顶尖的乐团，与柏林爱乐乐团有过长达 34 年的合作关系。

"我仍然担心铜锣的尺寸"

我很幸运。1979 年 10 月的一天早晨，我被派去文化部接待柏林交响乐团代表团，团长是赫赫有名的指挥大师赫伯特·冯·卡拉扬。接到任务时，我的心情倒是异常平静。

报到以后，第二天就去机场接团。文化部负责接待的同志告诉我：有关该团指挥卡拉扬先生的一切接待任务，包括他的安全，都由我负责。

我又有些发怵了。原因是听说卡拉扬是个"铁面无私"的人，不讲情面，不好接近。有的德国音乐家说他"清高"、不善交际，在中国也听说音乐圈里谈起这位大师时都"肃然起敬"。我只好谨小慎微，凡事多加小心吧。

卡拉扬个子不高，瘦瘦的，一双眼睛闪烁着睿智的光芒。正如许多中外文书刊上介绍他时所说的，"人比较清瘦，沉默寡言，善思考而不善言谈"。

我记得当时除了卡拉扬要我办的具体事情以外，他还要我马上联系德国驻华使馆文化专员铁奥多夫人（我们大家都亲切地称她"铁夫人"），要我当天一定找她谈铜锣等事宜。其实，卡拉扬是有些过于认真和心急了，铁夫人早把该办的事安排妥当了。等我"催命"似的把铁夫人找来后，她便冲着我哇啦哇啦地讲着她那特有的"快速德语"，并张开双手说："哎呀，我太忙了，已经忙得四脚朝天了。"卡拉扬听后，仍只是一本正经地说："我仍然担心铜锣的尺寸是不是过大了。"

我想，正经的任务就是卡拉扬的排练了。

排练场上卡拉扬的"较真儿"

等到卡拉扬排练时，我才真正体会到他在工作上的不讲情面、严厉、认真，一丝不苟。他让我站在他旁边不妨碍排练的地方，随时准备着被"召唤"。当时有两件事让我印象深刻：一是为了这个团的演出，早就请铁夫人在陕西订做了一个特大尺寸的纯红铜的铜锣，很重，也很漂亮。但由于卡拉扬未"玩"过这个"中国玩艺儿"，"心中没把握"，总觉得每敲一锤子都太响了。他皱着眉头，看看我耸了耸肩。我说："这就是中国铜锣的威力。中国的一些节目就是用铜锣和大鼓烘托气氛取得效果的。"他几次试音后，都大声地嚷着："太响了，太响了！"——他用的不是夸奖铜锣声音"洪亮"的这类字眼。最终，他想出了好办法：让操锣的演奏员在铜锣上多缠一层布。这样再试音，才总算让卡拉扬从拨浪鼓似的不断摇头变成点了点头。大家也终于松了口气。

有一天，排练场地的音乐厅里来了许多人，想要"亲历"卡拉扬的排练，目睹他的风采。这些人虽未敢"兴师动众"成群而来，但不断响起的"吱扭扭"的开门声和椅子掀下来的声音，仍然惹烦了这位大师。于是他问我："他们都是什么人？如果没有事，都让他们出去！"我答道："他们都是慕名而来的，景仰您的大名，想一睹为快！"他思索了一下，对我说："让他们靠边站，在远处听！不要坐在椅子上，以免发出声音。"我照办了，把已经坐到椅子上的朋友叫起来，让他们站到远处欣赏。

然而，故事还没有完结。

当卡拉扬对全体演奏员交代按排列好的、当晚演出的曲目依次排练，一切准备就绪时，后面的大门"吱扭"一声又开了，进来一个观赏者，接着慢慢腾腾又是第二个，之后还有蹦蹦跳跳地进门的——他们心情当然愉快：要看指挥大师卡拉扬的风采嘛。而此时此刻，卡拉扬把正要举起的指挥棒放下来，神速地转过头来对我喊道："胡女士，快，快告诉他们，门不可以再开动！"我赶快去"处理"这事，先是找到音乐厅的工作人员，让他们赶紧派人把守几个大门，然后让他们快速贴出一张布告"禁止入内"。我"接旨"之后几分钟就办成这件事，厅内终于安静下来。

卡拉扬这才举起了指挥棒，先稍稍偏过头来向我露出一丝微笑，然后，头向上一"震"，开始指挥这"千军万马"了。此时，全体演奏员群情振奋，集中精力，就像每一根弦都被调动起来一样。优美的音乐终于响了起来：轻快的、优雅的、时而沉重的、辉煌的曲调悠扬地充满了排练场的每一个角落。

卡拉扬微闭双眼，"训练有素"地指挥着。我真奇怪他经过"长途跋涉"的劳顿，如何能将这场音乐会的"总谱"牢记脑海，挥之不去、丝毫不乱呢？真佩服他！

经过一遍排练之后,卡拉扬把不拿指挥棒的手的手心朝下摆了摆,告诉大家"OK"。这一声"OK",使大家吃了"定心丸"。但他接着说,有两个地方"音色"不够美,是"力量分配"问题,下午再接着"过"一下就可以了。团员都"嘘"了一口气。

等到真正的柏林交响乐团在京演出的音乐会开始,我的比较"沉重"的心也就松弛了下来,因为我非常坚定地相信卡拉扬,相信经过他那一丝不苟的排练,加上乐团音乐家都是高水平的,这场音乐会一定会百分之百地不出任何纰漏,完美无瑕!

结果正是如此。观众经久不息的、雷鸣般的掌声和欢呼声,中国领导人上台祝贺演出成功时的满意神情,已然充分地证明了这一切。当晚的演出直播以及第二天各大报刊的好评如云,都说明演出是多么精彩、多么成功!

卡拉扬关于"高山流水"的谈话令我吃惊

柏林交响乐团抵达北京的当天晚上,文化部负责人在当时北京最好的北京饭店小礼堂设宴,欢迎以卡拉扬为首的乐团全体朋友。面积不大的礼堂布置得优雅、得体,桌子上特别摆了插在瓶子里的鲜花,团员们都穿着笔挺的西装,打着领带或领结来赴宴。我记得,那一晚卡拉扬先生穿的是一套考究的深黑色西装。

席间安排了中国文化部副部长和卡拉扬先生讲话。这次没有稿子,我只能作即席翻译。这次宴会都有哪些人到场;上了些什么名菜、名酒;电视台、报社的多位记者都向卡拉扬提了什么问题,这些虽然我都一一作了翻译,但事后却什么也回忆不起来了,就好像电脑里这一"页"无论如何也"调"不出来了。然而,令我印象特别深刻的是:卡拉扬头一次到中国内地，对中国文化、中国历史、古典音乐就那么感兴趣。

卡拉扬说："我深知中国有五千年悠久的历史文化，有许多震惊世界的、用文字记载的音乐曲谱，有孔子的'礼乐'，有可以吟唱的《诗经》，还有关于梁山伯与祝英台这对恋人的音乐等，中国有许多我要寻找的东西。"他对副部长讲话中提到的"高山流水"的故事很欣赏，并表示深有同感："我就像那个弹琴的人，他弹琴就是要有知音、有懂得琴的人。高山流水要找知音，我就是那个弹琴的音乐家，我是来中国寻找知音的。"此时，小礼堂爆发出此起彼伏的雷鸣般的掌声，大家一致表示赞同。

卡拉扬无意中给我一份"问卷"

晚上，乐团的音乐家们，尤其是年轻的乐手们，都去寻找当时北京少有的可以在夜晚消遣的地方，无非是酒吧和五星级酒店里的咖啡厅之类。据说，还可以带他们去逛茶馆或去看戏院的京剧折子戏。而卡拉扬哪里都不想去，他只想回房间早些休息。我和他的秘书送他回房间。一路上，卡拉扬例外地格外兴奋，大概是受了乐团演出时观众欣喜若狂的气氛所影响，迫不及待地问我："你喜欢音乐吗？"我答："是，很喜欢。"接着，我告诉他我从小就喜欢音乐，后来有机会在德国留学，之后又在中国驻奥地利使馆工作了好几年。生活在维也纳这样一个音乐之乡，使我更加受音乐感染、更加熟悉西方音乐了。卡拉扬听了以后笑了（我难得见他灿烂地一笑）。他点了点头，对我说："难怪，你翻译音乐方面的内容那样准确、那样熟悉，什么术语都懂，我很为你高兴。"

卡拉扬急于了解中国人是否喜欢西方音乐的心情，令我记忆深刻。他这是突然给了我一份"问卷"。于是，他的秘书建议到他们下榻的宾馆的咖啡厅聊一聊。卡拉扬从歌剧《图兰朵》问起："中国人熟悉《图兰朵》吗？你看过没有？"我答："我只知道歌剧《图兰朵》是关于一个中国公主用猜谜的方式选夫的故事。可惜我没看过，但我知道这里面还引用了中国民歌《茉莉花》的曲调。"我告诉他："我喜欢《微笑的国土》，很喜欢里边优美的曲调，特别是莱哈尔谱写的主旋律或称'主题曲'。"他睁大了眼睛，问我："你指的是哪首曲子？"我不由得小声哼唱起《你是我的欢乐》那一段的曲调。

卡拉扬又对我笑了。此时，他已不像我刚见到时那么令人不可接近了。他说："噢，你也喜欢弗朗茨·莱哈尔，真不可思议。"

接下来，卡拉扬又问到：中国人多数都能欣赏、接受西方音乐吗？一般人都爱好什么，比如歌剧？交响乐？卡拉扬边说边找着什么。

我停了一停，告诉卡拉扬，他不必用身上找出的小本子作笔记，如果需要，我可以写给他。之后我讲到，中国人的欣赏水平提高了很多。改革开放以后，大家都有机会接触外国名曲、著名歌剧，对《茶花女》《蝴蝶夫人》《卡门》等都可以接受；但如果你突然给中国人送来一出比较生僻的，比如《叶甫盖尼·奥涅金》还有《汤豪舍》之类，那就需要媒体加大力度去推荐介绍。当然，这不仅带给中国观众新的曲目，打开了市场，也帮助中国观众开拓了"欣赏面"。卡拉扬此时说了一句"太好了"，他脱口而出："胡女士，你帮助了我，我在家里苦思冥想，不如你的一席话。"我也赶紧说："不必夸奖我，这是我应该做的。"

记得他当时的兴趣越来越大，一杯咖啡已然喝完，他还在问我施特劳斯的歌剧《莎乐美》如何，以及为什么中国人偏爱柴可夫斯基的芭蕾舞剧《天鹅湖》，等等。我说："卡拉扬先生，您的健康我看得比任何事情都重要，您还是早些休息吧！"卡拉扬提醒我还没谈到交响乐，我只好极为简单地说了两句。我说：我们中国有极为恢宏壮丽、气势磅礴的《黄河大合唱》，也有非常优秀的指挥家李德伦等。优秀的中国指挥家，我一口气能给您背出十几个来。

由于时间太晚，我和他的秘书坚持让他休息。卡拉扬显然意犹未尽，但他轻轻地叹了口气，耸了下肩，无可奈何地不再坚持了。我忙说，"好，下次一定再给您讲我们中国人喜欢的《第九交响曲》。您可能没想到：中国人爱听交响乐，也喜欢和懂得欣赏您这样的指挥大师指挥的音乐会！"

我们送卡拉扬回到他的房间，互道了夜安。在回来的路上，我回味着卡拉扬的问话，感到很兴奋。我兴奋的是：我们中国确实日益强大了，人民文化素质也提高了，因此卡拉扬能看到我们中国人的欣赏水平在提高，也懂得欣赏外国的文化精品——包括音乐、艺术等各个方面。这是中国人民很光彩的一面。

（本文原载《北京青年报》2013年8月26日，收入本书时略有修改）

音乐之都维也纳的金色回响
——纪念中奥建交 50 周年及维也纳中国新年音乐会 20 周年

常恺（奥中文化交流协会会长、欧洲大型文化活动策划人）

每当新年来临，春节前后，世界各国凡有华人的地方，几乎都在举办大大小小的中国新年音乐会，喜气洋洋、热闹非凡，中国文化元素浓烈。许多外国友人也一起参与其中，中国新年——"春节"成了全世界人民共同的节日。中国文化走向世界，已成浩荡之势。我作为中国新年音乐会最早的策划和组织者之一，每念及此，都会与有荣焉，十分自豪。尤其在中奥建交 50 周年和维也纳中国新年音乐会 20 年之际，回忆往事，心潮澎湃。

奥地利的疆域轮廓像一把小提琴，虽然人口少、面积小，但却是一个音乐文化大国，群星灿烂，诞生了莫扎特、海顿、贝多芬、舒伯特、勃拉姆斯、施特劳斯、马勒等伟大的音乐巨匠，是全世界音乐爱好者向往的圣地。维也纳被称为世界"音乐之都"。中奥两国长期以来就有着传统友谊和民间交往。1971 年两国正式建交后，文化交往更加频繁。1979 年，奥地利音乐大师卡拉扬率柏林交响乐团首次访华演出，引起轰动，重新开启了中国爱乐人士对西方古典音乐的热爱与向往。

随着中国改革开放的全面展开和深入，中外文化交流的步伐也在不断加快。20 世纪 90 年代初期，西方对中国的了解还非常有限，中国文化团体出国机会也相对较少。欧洲人甚至把汉字误认为是日本文字，因为80年代日本的文化输出很频繁,在街头经常可以看到日本画展和歌舞伎的演出广告。中国文化艺术真正走出国门,是从90年代中后期开始的,涓涓细流,逐渐形成一股中国文化大潮。而维也纳早期的中国文化系列演出活动,无疑是中国文化"走出去"最早的尝试和探索。

当时的中央电视台文艺部负责人提出一个想法:在每年的春节联欢晚会之外,再打造一台中国特色的新年音乐会,也在春节期间播放,以丰富全国人民的文艺生活。他们还设想,在演奏民族音乐、通俗音乐的同时,也能够兼顾欧洲古典音乐,使其得到推广普及。于是,他们的目光自然而然地就投向了音乐之都维也纳。

早在20世纪90年代初,奥中文化交流协会和中央电视台文艺部就有合作,每年都邀请中国春晚的表演嘉宾和著名艺术家来奥地利举办华人春节联欢会,并合作举办10月中秋联欢会的巡演。所以,中央电视台文艺部和中国广播艺术团决定在2001年举办中国广播民族乐团的维也纳中国新春音乐会之后,就委托广播艺术团的著名表演艺术家巩汉林与我会取得联系。我同中国广播艺术团及中央电视台文艺部负责人多次见面详谈,具体地商讨了策划方案,确定在2001年春节前夕,也是中奥建交30周年之际,在维也纳金色大厅隆重推出"2001维也纳中国新年音乐会",定下的演出主题也非常响亮——"新世纪中国民族交响乐"。

维也纳中国新年音乐会筹备期间,我们得到了中国驻奥地利大使卢永华和夫人张志京的大力支持和帮助指导。卢大使认为,以维也纳金色大厅为舞台,弘扬中国民族文化和艺术,通过音乐让世界了解中国,是非常有意义的大事。国内有关方面也非常重视,时任广播电影电视总局副局长赵实亲自担任团长,中国广播艺术团团长熊生民任副团长,中国广播民族乐团及央视摄制组和随行记者共100余人参加,由青年指挥家彭家鹏担任音乐会指挥。音乐会中方主持人是全国人民都非常熟悉的"国脸"赵忠祥,他也是每年"维也纳金色大厅新年音乐会"中央电视台现场直播的解说和主持人;德文主持人是由卢大使推荐的维也纳市长办公室外事主任玛格丽塔·格里斯勒·赫尔曼(中文名字是"郭思乐"),她是一位中国通,汉语非常流利,形象优雅。他们两位的搭档,堪称珠联璧合、相得益彰。

历届维也纳中国新年音乐会经典海报。中间左图为主持人郭思乐和赵忠祥

我们在金色大厅预订的档期是 2001 年 1 月 7 日 19:30。这个时间段恰好是维也纳的新年音乐会演出旺季,奥地利各行业团体和各国的交响乐团纷纷在金色大厅组织新年音乐会。金色大厅始建于 1863 年,距今已有一个半世纪的历史。实际上,金色大厅不止一个音乐厅,它是一栋大厦,全名"维也纳音乐之友协会"。里面有三个音乐厅:大厅、勃拉姆斯厅、莫扎特厅。大厅就是现在俗称的金色大厅;莫扎特厅很小,

现在已经很少在里面演出；勃拉姆斯厅供小规模的器乐独奏或室内乐演出。近年，又在地下室开挖扩建了一个玻璃厅、一个石头厅、一个金属厅，主要供排练、录音和现代音乐及打击乐演出之用，规模很小，而真正名满世界的仍是金色大厅。

金色大厅从建成开业那天起，即成为全世界音响效果最好的音乐厅。它的建筑结构非常符合声学声场的科学原理。大厅48.8m×19.1m的长方形黄金分割比例，周边四壁的金色人像雕塑，起到了流线型的混音延长效果。在17米高的花格装饰天花板之上，还有11米的空间，大厅木质地板下也是完全镂空的，大厅两侧各有一道夹墙——金色大厅其实就是一个悬在空中的大音箱。所以，无论是音乐演奏演唱者、歌唱家，还是观众乐迷，都是处在一个音响效果最佳的声场里，得以陶醉于美妙的音乐和天籁般的歌声里。国内有媒体说，维也纳国家歌剧院才是最好的，金色大厅只是一个普通音乐厅。这实在是对维也纳的不了解。维也纳国家歌剧院当然是欧洲三大歌剧院之一（还有法国巴黎歌剧院、意大利米兰斯卡拉歌剧院），但歌剧院只是演出歌剧和芭蕾舞剧的最佳场地，并不适合交响音乐会和器乐独奏及独唱音乐会等，而金色大厅的建筑结构和音响效果，使之成为全世界最好的音乐厅。维也纳国家歌剧院和金色大厅各有自己的功能和风采，是奥地利音乐文化艺术的两座圣殿，为世人所景仰。

中国观众熟知金色大厅，最早从1987年元旦中央电视台转播的维也纳金色大厅新年音乐会开始。通过央视实况转播和赵忠祥富有磁性的解说，中国乐迷对金色大厅的喜爱和向往越来越浓烈。所以，由中央电视台来维也纳主办中国新年音乐会，可谓水到渠成，独具优势。

2001年是中国农历蛇年。我们在选取中国新年音乐会曲目时，也是颇费心思的。开场就是《新世纪音乐会》序曲《金蛇狂舞》。上半场，有琵琶领奏的《春江花月夜》，还有《湘西风情》《月夜》《放驴》《维吾尔音诗》。下半场，有《瑶族舞曲》、姜克美的胡琴领奏一组《夜深沉》《二泉映月》《花梆子》，还有《北京喜讯到边寨》，满满的一台中国民族风。最后，还特别为奥地利观众演奏奥地利的第二国歌《蓝色多瑙河》。

一台成功的音乐会，不仅要曲目优秀、指挥杰出、演奏员水准高超，观众的素质、着装和精神状态也很重要，后者其实也是音乐会的重要组成部分。奥地利观众的传统是参加音乐会和观赏歌剧时一定会盛装而来，既表示对音乐会的重视，也表示对音乐艺术家的尊重。2001年1月7日晚的中国新年音乐会，可谓华盖云集，盛况空前。

作为中奥建交30周年的开场音乐会，两国政府也非常重视。在中国驻奥地利大使卢永华的邀请下，联合国前秘书长、奥地利前总统瓦尔德海姆，奥地利外交部长费蕾罗·瓦尔德纳，维也纳副市长里德等奥地利政界、商界、文化艺术界和其他各界人士出席了2001年维也纳中国新年音乐会。三层楼的金色大厅，1700多个座位和300个站位都爆满。鲜花铺满正面的管风琴立柱和舞台前沿及二楼的两侧，美轮美奂。现场80%的观众都是奥地利人，还有当地的联合国外交使节等。卢大使把这场重要的文化交流活动视作中国外交舞台的延伸，期待让更多的欧洲朋友了解中华民族的文化。

音乐会聘请奥地利国家电视台的摄制人员全程录像，大型卫星转播车同时切换七台摄像机，机位覆盖金色大厅的舞台和观众席。这也是中国中央电视台第一次在金色大厅进行现场录制。大家都非常激动，准备工作极其充分，事先召开多次协调会，中奥两国电视台的工作人员密切配合，合作很愉快。奥方切换导演在演出之前观摩了中国广播民族乐团的每一场排练，阅读了每一首中国曲目的总谱，了解中国民乐乐器的特色，保证在每一段乐曲的主要乐器演奏和独奏时精准地给出特写镜头。每一位摄像师都身着黑色西装，摄像机前夹着一份乐曲

交流篇

卢永华大使（右一）和奥地利前总统瓦尔德海姆（左二）出席 2001 维也纳中国新年音乐会

的五线总谱。他们的专业精神和业务水准，给中方电视台的同行留下了深刻印象。

中国广播民族乐团是由 100 多名演奏员组成的超大团队，加上电视台和各大新闻媒体的记者 40 余人，一共 150 人，阵容强大，精锐尽出。央视团队除了赵忠祥，还有春晚的总导演袁德旺、国际部主任张子扬等。各地方省台也都派出了最好的采访报道阵容。

当天的演出获得巨大成功，现场掌声雷动。指挥彭家鹏技术精湛、激情四溢，深受观众喜爱。西方观众对中国民乐的演奏和中国作品的浓郁民族风格表现出强烈的兴趣，乐曲结束时纷纷起立鼓掌。记得音乐会结束后，全体演职人员到中国驻奥大使馆参加庆祝酒会，卢永华大使和赵实副局长等都作了致辞，对音乐会演出成功表示祝贺，对中国文化走向世界提出鼓励和期待。音乐会主持人赵忠祥和郭思乐也分别发表感言，认为这是中西文化一场完美的结合。

2001年春节期间，中国新年音乐会"新世纪中国民族交响乐"在由中央电视台一套、三套和四套连续播出后，反响巨大。许多省级电视台也纷纷转播，维也纳金色大厅中国新年音乐会的影响在海内外迅速传开，振奋人心。20年前，互联网还势单力薄，电视仍是最具影响力的视觉传播媒体。高品质的电视画面、高水准的音乐演奏、热情激动的欧洲观众，使金色大厅名气越来越大，与中国观众的距离更加接近。可以说，这场音乐会吹响了中国民族文化"走出去"的"集结号"！

从2002年起，每年的维也纳中国新年音乐会都有一个主题，并增加了歌唱演员的声乐节目，演唱中国歌曲和中国民歌。演员们都是中国歌坛最著名的歌唱家和中央电视台青歌大赛的获奖歌手，如戴玉强、幺红、陈勇、廖昌永、黄英、魏松、石倚洁、马薇、梁召今、萨仁呼、马一鸣等。后来又有各省市电视台加盟，于是，京剧和地方戏曲也成为维也纳中国新年音乐会的一大亮点。京剧演员梅葆玖、尚长荣、李维康、耿其昌、李炳淑、于魁智、李胜素、关栋天、史依弘、王佩瑜、胡文阁、孟广禄等，越剧演员单仰萍、钱惠丽，沪剧演员茅善玉，豫剧演员王惠等，纷纷登上金色大厅舞台，全方位地向欧洲观众展示中国各地域文化特色和艺术魅力。而且，除了中央电视台之外，许多省市电视台的卫视频道也相继播出整场维也纳中国新年音乐会，如上海、北京、江苏、广东、河南、广西、江西、宁夏、辽宁、内蒙古等电视台，使得该音乐会影响遍及全中国，成了当时中国的一个"现象级"文化大事件。中国音像制片行业的龙头企业——中国唱片总公司总经理赵大兴也积极参与维也纳中国新年音乐会的主办，贡献良多。每场音乐会均由他们制作出品高质量的精致光碟，向音像市场发行，盛极一时。

2011年是维也纳中国新年音乐会举办10周年，也是中奥建交40

交流篇

梅葆玖大师与八位"贵妃"在2014年维也纳中国京剧新年音乐会上演出

周年，时任中国国家主席胡锦涛和奥地利总统菲舍尔为音乐会题词，祝贺中奥建交40周年，并祝贺音乐会取得圆满成功。维也纳中国新年音乐会已成为维也纳音乐日历上不可或缺的一场音乐会。对于许多奥地利的观众来说，每当中国新年音乐会海报上街，他们就知道，中国的春节即将来临。经过十年努力，中国新年音乐会已成为引领奥地利民众熟悉了解中国春节的一场重大文化活动。中国全国人大常委会副委员长乌云其木格和中国人民对外友好协会会长陈昊苏率团出席了2011年维也纳中国新年音乐会，并将音乐会定为"中奥文化年"开幕式活动。乌云其木格副委员长和奥地利国民议会议长帕尔玛、中国驻奥地利大使史明德分别致辞，并代表两国元首相互祝贺！

2015年在维也纳市政厅举办的中国书画新年音乐会

2013年的海峡两岸新年音乐会,汇聚了中国大陆和台湾、香港、澳门的杰出音乐家,他们联袂演出,共同祝愿中华民族繁荣昌盛,在海内外引起巨大反响。2014年的京剧交响新年音乐会,由梅派传人梅葆玖领衔,中国京剧各大流派的名角齐聚维也纳金色大厅。八位彩妆华服的"贵妃",在维也纳歌剧院交响乐团的伴奏下,簇拥着八十高龄的梅先生登上金色大厅的舞台,一曲《梨花颂》引得全场轰动,成为绝响!

近年来,维也纳中国新年音乐会从金色大厅转到维也纳市政府的庆典大厅举办。这座具有150多年历史的市政府大厦,也是维也纳的地标性建筑,富丽堂皇,雄伟壮观。2015年的维也纳新年中国书画音乐会别开生面,中国国家画院的著名书画家与奥地利雷哈尔交响乐团

交流篇

2019年以"敦煌千年古乐奏响音乐之都"为主题的中国新年音乐会在维也纳市政大厅演出

的音乐家珠联璧合，将中国书画与西方音乐融合，在交响乐团演奏的同时，中国书画家挥毫泼墨，即兴创作，使书画有了音乐的韵味，使音乐呈现书画的美妙。春节期间，这台书画音乐会在中央电视台书画频道播出，好评如潮。2019年的维也纳中国新年音乐会，以"敦煌千年古乐奏响音乐之都"为主题，由上海音乐学院院长廖昌永领衔演唱，上海音乐学院民乐团以复制的敦煌古乐器来演奏破译的敦煌古曲，欧洲模特身着敦煌壁画中的服饰款款走来，让西方观众跨越千年，近距离领略敦煌艺术的无穷魅力，引起现场一阵轰动。这再次印证了中国传统文化艺术的博大精深，说明"民族的就是世界的"。

一个成功的文化品牌要坚守20年，非常不易，其间虽历经困难，主办者仍百折不挠。其间，从两国政府到民间，方方面面给予了必不

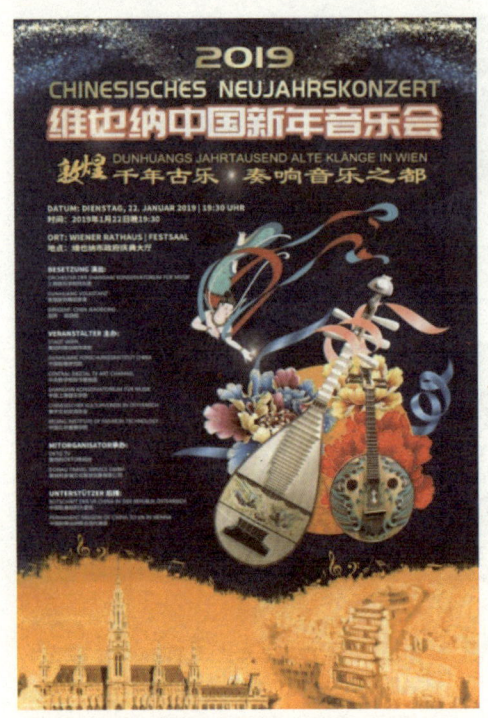

2019年"敦煌千年古乐奏响音乐之都"音乐会海报

可少的支持帮助,我们感恩在心。中方主持人一直由中国的著名主持人担任,如中央电视台的张政、陈铎、朱军、李咏、任志宏,上海电视台的曹可凡等,但奥方主持人始终由郭思乐担任,她坚持了整整20年,非常难能可贵,这正体现了她对中国的真诚热爱和深厚的文化功底。每次音乐会前,她都在百忙中做许多主持介绍的案头工作,她用德语介绍中国乐器、中国音乐、中国文化,很接地气,用最精准的当地语言让奥地利观众了解和喜爱中国艺术。她不仅是维也纳市政府的高级官员,也是一位中奥文化交流的民间使者。维也纳中国新年音乐会能有今天的成绩,离不开这样一位优秀的双语主持人的贡献。

在中奥建交50周年之际,真心希望这个国际文化品牌能坚持下去,继续为中奥文化交流增光添彩。

民间外交结硕果
——记旅奥侨领倪铁平

倪铁平（旅奥侨领）

2021年是中国与奥地利建交50周年。自建交以来，在双方共同努力下，两国关系日益深化，成为中欧关系蓬勃发展的一个缩影。

奥地利地处欧洲中部内陆，素以"音乐之乡"闻名于世，虽然国土面积不大，但是地理位置非常重要，是东欧和西欧之间的重要通道，也是北欧通往东南欧的枢纽，更像是世界跳动的心脏所在。

1971年5月28日，中国同奥地利正式建立外交关系，两国关系揭开了崭新的一页！建交以来，中奥关系日益成熟，双方在政治、经贸、文化、旅游、科技等领域开展了形式多样的交流与合作，取得了丰硕成果。

奥地利与中国在商贸方面的合作由来已久。早在1964年，中国贸促会和奥地利联邦商会就签署了《关于促进两国经贸关系的协定》；1966年，双方在维也纳和北京互设商务代表处，为两国经贸关系正常化奠定了坚实的基础；1971年正式建交后，中奥两国政府签订了《贸易与支付协定》等文件，为双边经贸合作创造了良好的发展环境。

2018年4月，奥地利总统范德贝伦、总理库尔茨共同访华取得圆满成功，中奥领导人宣布两国建立友好战略伙伴关系。双方积极拓展先进制造、节能环保、财税金融等领域合作空间，不断丰富中奥友好战略伙伴关系内涵。2018年，中奥双边贸易额增长16.2%，达97.5亿美元，再创历史新高。

除了商贸方面的合作，中国与奥地利的人文交流也日益活跃。两国科技、文化、旅游等领域交流持续升温，两国关系的民意社会基础更加巩固。双方多个省、州、市交流互访、互学互鉴，高水平音乐艺术团组巡演受到热烈欢迎。中国访奥游客达 97 万人次，成为奥地利重要旅游客源国。

近年来，中奥两国高层交往密切。2018 年 7 月，王毅国务委员访奥，会见范德贝伦总统、库尔茨总理，推动落实两国领导人达成的重要共识。2018—2019 年，库尔茨总理一年内三度访华。两国高层保持频繁往来，相互交流治国理政经验，推动两国关系健康发展。

积极投身奥中民间外交

回首中国和奥地利建交 50 年的历程，两国关系能取得如此长足的发展，民间外交作出了重要贡献。其中，奥地利奥中国际经济贸易促进会会长倪铁平是从事两国民间外交的优秀代表。倪先生是奥地利人民党党员、全国党代表，奥地利联邦商会专业委员会委员，奥地利联邦政府首位华人经济顾问。

1984 年，倪铁平旅居奥地利经商。80 年代末到 90 年代初，中国大陆出现了移民潮，到奥地利的华侨随之增多。本着凝聚侨界团结互助的精神，倪铁平积极参与筹备华人社团，为帮助当时刚出国的华侨华人创业就业、融入当地社会做了很多工作。

90 年代初，西方国家对中国进行政治和经济"制裁"。较长的一段时间里，中奥双边关系处于冰冻期。当时，倪铁平虽身在奥地利，却时刻心系祖国发展，积极寻求机会，为打破这种局面做些工作。

1993年是奥地利籍白求恩式国际友人罗生特医生90岁诞辰。为了纪念这位为中国革命事业作出巨大贡献的国际友人,中方决定邀请包括奥地利联邦议会议长等高级官员在内的18人代表团访问中国,倪铁平是成员之一。他抓住时机,积极配合,对奥方相关人士做了大量解疑释惑的工作。最终,访问团成行,时任中国国家主席杨尚昆会见了代表团全体成员。在中国人民对外友好协会的一次总结会议上,中方对倪铁平的突出表现给予了高度评价。

时任中国国家主席杨尚昆会见奥地利代表团全体成员。二排左三为倪铁平

倪铁平经常说,侨团的工作不只是迎来送往,同时还要帮助华侨华人更好地融入当地主流社会,为我们的居住国和祖籍国的政治、经济、社会作出自己的贡献。2001年,中国加入世界贸易组织,在国际社会引发巨大反响,倪铁平顺势在奥地利成立奥中国际经济贸易促进会,并聘请欧盟商会主席兼奥地利国家商会主席莱特尔为名誉主席。协会成立后,积极开展奥中两国间的经贸交流活动。每当有中国的考察团来奥,倪铁平总能根据考察团的特点和需要,联系到本地相应的机构企业,让考察团在有限的时间内考察学习到更多的东西。他也为中国来奥的招商引资企业牵线搭桥。他还经常率领经贸代表团回国考察,洽谈投资,促成了多项奥中经贸项目的达成。

倪铁平所在的林茨市是奥地利的工业重镇，有著名的 WFL 车铣技术公司等大型企业，其许多工艺和技术在国际市场占有领先地位。倪铁平通过不懈努力，为这些企业与中国的合作牵线搭桥。时至今日，WFL 车铣技术公司与中国的合作占到其全球业务的三分之一，项目遍布北京、上海等地。WFL 公司高度赞赏倪铁平为两国合作作出的突出贡献。

2009 年 3 月 3 日，十四世达赖喇嘛窜访林茨市。倪铁平动用自己平时累积的良好关系，并约见了市长，希望对方人员尊重中国在西藏问题上的原则立场，不要出席十四世达赖喇嘛的活动。同时，他紧急组织协会会员及中国留学生，密切注意"藏独"分子的动向，准备好一切意外事件的应对措施。最终，因为没有林茨市政府官方人员出席，十四世达赖喇嘛在林茨的公开活动取消了。

一份耕耘，一份收获。30 多年来，倪铁平兢兢业业、积极进取、不辞劳苦，在经济领域取得了骄人成绩。但他并没有就此止步，开始积极融入当地主流社会。1994 年，倪铁平经奥联邦议长介绍，加入奥地利执政的人民党，并且积极参与党务活动，成了全国党代表。因在经济领域的积极贡献，倪铁平连续四届被推选为奥地利联邦商会旅游酒店行业全国委员会委员，这是由上奥州 32 万业主公开推选的，是奥地利业界的最高荣誉。1997 年 7 月，由奥地利国民议会议长等联合签署，以奥地利政府名义向倪铁平颁发了"为奥中友谊作出杰出贡献"的表彰证书。

自 1992 年始，倪铁平先后 15 次陪同奥地利总统、总理、议长、州长访问中国。其中，2010 年 1 月 21 日陪同奥总统出席上海世博会，并为奥地利国家馆奠基；同年 5 月 21 日陪同奥总理出席上海世博会奥地利国家馆活动日。

2014 年，中国人民对外友好协会在成立 50 周年之际邀请 43 个国家

倪铁平出席奥地利联邦人民党第34次代表大会，和党主席兼时任外交部长施平德勒格合影

的100多名国际友好人士访问中国，其中包括芬兰前总统、澳大利亚前总理和14个国家的部长。在受邀的国际友人中，倪铁平是唯一一位华裔，受到了时任中国国家主席胡锦涛的接见。这是中国人民对外友好协会对倪铁平多年来为中国民间公共外交事业所作贡献的最高肯定。

倪铁平陪同时任奥地利联邦总理许塞尔正式访华

首位获德语地区经济界人士最高荣誉的华人

2012年底，鉴于倪铁平长期以来为共和国经济发展作出的卓越贡献，奥地利联邦政府经济部根据联邦宪法第65条第二款规定，提名倪铁平为联邦总统终身经济顾问。经过两年的严格审核，奥联邦总统于2014年11月14日签发任命状，任命倪铁平为联邦总统终身经济顾问。同年11月25日，奥地利联邦政府副总理兼经济部长根据联邦总统授予令，任命倪铁平为奥地利联邦政府终身经济顾问。

2015年9月14日，在倪铁平60岁生日之际，上奥州州长普林格和联邦商会主席莱特尔为他共同举行招待会。普林格州长代表州政府为倪铁平颁发州政府表彰证书，并赞扬倪铁平长期以来为上奥州经济成长作出的杰出贡献，也提到了倪铁平为上奥州和中国山东省缔结友好省州、开展友好交流牵线搭桥所发挥的积极作用。奥联邦商会主席莱特尔授予倪铁平金质勋章，以表彰他为促进奥中经济合作所作出的重大贡献，这也是德语地区经济界人士的最高荣誉，而倪铁平是获此殊荣的第一位华人。

倪铁平被任命为联邦总统终身经济顾问

上奥州州长普林格（左三）和倪铁平及其家人合影

50年来，中奥两国努力在相互尊重、平等互利的基础上发展健康稳定的关系，开展广泛而深入的合作。2018年4月8日，在习近平主席和范德贝伦总统的共同见证下，中国国家发展改革委主任何立峰与奥地利交通、创新和科技部部长霍费尔共同签署了《关于未来就共建"一带一路"倡议开展合作的联合声明》。双方将在共建"一带一路"框架下加强在基础设施、创新和技术等方面的合作。双方还将探讨开展三方合作，合作领域可包括基础设施（交通、能源和通信）、物流、技术、数字化、环境和可持续、农村发展、文化、旅游、金融服务等。相信在未来，中国与奥地利将会持续加强各层次交往，增进政治互信，扩大务实合作，推动两国友好关系不断迈上新台阶。祝愿中奥交流硕果累累，中奥友谊万古常青！

我的奥地利好友司利华先生

何源恒（中国前驻奥地利使馆武官）

1971年5月28日，中国和奥地利正式建立外交关系，从此两国进入友好合作、平等互利、共同发展的新时代，迄今已过去50个年头，值得我们回忆和纪念。

1991年上旬，我被中央军委任命为中国驻奥地利大使馆武官，赴任后即认识了奥地利人司利华先生（Dip.Ing. Karl A.Skrivanek）。当时，他在维也纳的斯太尔－戴姆勒－普赫企业集团担任主任工程师。该公司于1864年成立，重点生产先进发动机及各种车辆，一直以技术精湛、科研发达、市场和客户遍布全球著称。产品不仅可供民用，而且在军事领域特别是后勤系统有更为广泛的用途。

中奥建交前，双方早已互设商务机构，有一些贸易往来。建交后，随着两国关系发展，商务活动有了进一步扩展。在这种形势下，斯太尔公司为扩大在华商务和技术交流，进一步加强与中国的友好合作关系，决定设立北京办事处，并派司利华先生任首席代表。

司利华先生说："我对中国这个地大物博、风景秀丽、人民勤劳的文明古国，早有敬仰之情。两国建交后，我获得了一个可亲临其境，促进两国关系发展的极佳机会。我于1993年中旬上任，至2000年完满结束任期，在中国度过了七年光阴，留下了不可磨灭的美好回忆。"

七年里，司利华先生积极参与人员往来活动，以建立良好人际关系。

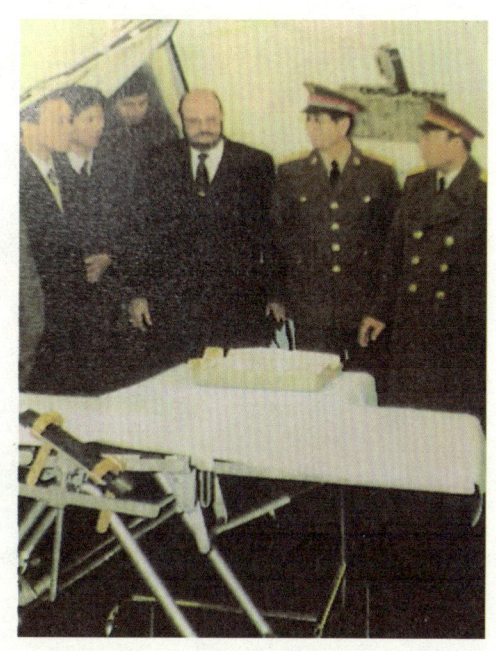

司利华（右三）陪同中国人民解放军总参谋部人员参观后勤展

利用两国代表团互访机会，他认识了不少政界、商界、军界，以及高校、科研单位的领导及工作人员。如在1994年，受奥地利国防部和斯太尔公司委托，他协调并参与中国国务院总理李鹏访奥，安排中国贵宾参观了斯太尔公司。中方认为，这次参观进一步巩固了中奥两国有关部门合作的基础。

在此之前，司利华先生曾于1993年陪同中国人民解放军总参谋长张万年上将参观奥地利军工企业，介绍生产情况、先进军工产品。通过积极参与中方高级领导人的访奥安排，不仅促进了双方的了解与友谊，而且推动业务发展取得了良好效果。司利华先生在任内还促成斯太尔公司与中国军方后勤机关互办展览会，如1993年中国后勤装备展、1995年中国汽车展。其间，他还与中国军方有关部门合作开办各种技术讲座，向中方出售后勤产品，如越野车和有关软件、柴油机，以及多用途帐篷等。

司利华向江苏理工大学赠送教学器材

需要特别提及的是，斯太尔公司和中国的高校、科研机构开展交流与合作，已成为中奥友好合作的范例。自1993年4月斯太尔公司驻京办事处成立以来，司利华先生多次应邀访问江苏理工大学（现江苏大学），与校长高宗英教授建立了友谊，后来高教授也多次访问斯太尔公司。1994年4月，江苏理工大学聘司利华先生为客座教授，讲授车辆、发动机等专业技术课程，听课人数累计达5万人次，收获颇大。1998年3月，司利华先生又促成斯太尔公司与江苏理工大学签约成立奥地利斯太尔公司—江苏理工大学技术学院，由司利华先生以客座教授身份与该大学前任校长高宗英教授共同管理，创造了企业和高校合作办学的典范。

2002年9月,中国国务院总理朱镕基(前排右一)访奥期间与司利华握手致意

　　合作中,双方又签订了成立技术中心的备忘录。校方授予司利华先生"优秀外国专家"称号,以感谢他在发动机及车辆研发方面作出的重要贡献。同时,校方向国家外国专家局作了书面汇报,对司利华先生予以肯定和表扬。接着,斯太尔公司为促进教学需要,向校方赠送了一台先进的小型高速柴油机,可用于军用越野车和小型快艇。

　　如今,司利华先生虽已退休,但仍十分关注中奥友好合作,愿为促进两国人民友好交往尽绵薄之力。其间,他曾组织奥地利海军协会成员及家属到中国访问。值此中奥建交50周年之际,司利华先生表示:"衷心祝愿奥中友谊万古长青!"

奥镁
——铸就中奥合作典范

马世吉（奥镁中国及东亚地区总裁）

探索——起始于辽宁的牵手

在推动中国和世界的耐火材料行业变革中，奥镁集团扮演着不可替代的角色。作为耐火材料行业的领导者，奥镁集团在全球各大洲拥有众多的分支机构，提供最创新的产品、最优质的服务、最稳定的供货以及最可靠的安全性。

这家拥有近200年历史的工业巨头与中国的密切合作可以追溯到20世纪90年代。那时，中奥两国关系呈现良好发展势头，各领域交流与合作持续升温。作为奥镁集团董事会主席，赫尔伯特·考特很早便预见到了中国市场的无限潜力，并着手进一步开发中国市场业务。

奥镁集团董事会主席
赫尔伯特·考特

1995年4月,奥镁集团在中国成立合资公司的"意向书"正式签订

中国作为世界镁矿储量最丰富的国家之一,在原料供应方面对奥镁集团具有很强的吸引力。考虑到优越的原材料资源优势、完备的基础设施条件和理想的工业及投资环境,奥镁集团最终选择中国的辽宁省作为设厂地点。

1995年4月,奥镁集团在中国成立合资公司的"意向书"正式签订。时任奥地利经济部长、中国外经贸部部长、辽宁省政府及相关部门主要领导出席签字仪式。

奥镁集团成为最早在中国投资的国际耐火材料企业。两个月后,奥镁集团与中国冶金进出口辽宁公司(现更名为"辽宁冶金进出口有限责任公司")开始合资兴建辽宁奥镁有限公司,为奥镁集团加快全球化布局、进一步完善全球分支机构网络写下浓墨重彩的一笔。1997年,

辽宁奥镁有限公司开工庆典仪式

公司正式投产。公司产品的65%销往中国及亚太地区，35%销往欧美、中东等地区。

  进入21世纪，双方的合作发展迈上了新的台阶。基于前期的成功经验与持续增长的市场需求，董事会主席赫尔伯特·考特敏锐地发现了扩大双边合作的良机并确立了新的发展目标。奥镁集团在华的第二家工厂应运而生。2003年，经中国商务部批准，奥镁公司正式决定在辽宁省大连市投资兴建第二家工厂，次年11月举行了盛大而隆重的奠基庆典。对中国经济的认可坚定了奥镁集团扩大对华投资的信心，资料显示，在集团2004年用于扩大生产和技术研发的1亿欧元投资中，1/3投入到了中国。

情缘——奥地利湖畔的"中国心"

赫尔伯特·考特并不是奥镁公司中唯一致力于发展中国业务的奥地利人。奥镁中国及东亚地区总裁马克·奥尔采夫斯基已经在这片东方的土地上深耕了13年，并在这里实现着他的中国梦。

奥镁中国及东亚地区总裁
马克·奥尔采夫斯基

马克·奥尔采夫斯基出生于奥地利南部的克恩顿州，早年曾先后在意大利、德国、瑞士、法国等欧洲多国工作。虽然在新兴市场上有着多年经验，感受过西方、中东多个地域的文化习俗，但他之前从未到过中国。然而，他却对中国情有独钟。中国的风土人情、巨大发展前景、日新月异的变化使他向往，令他更希望了解中国的文化、人民和商业模式。2007年，心怀对中国文化的热爱、怀揣对中国市场的期待，马克·奥尔采夫斯基毅然决然来到中国，在这片充满热情与奇迹的东方土地上播种属于自己的中国梦。出于对中国文化的热爱，他还给自己取了一个中国名字——马世吉（寓意"世代吉祥"），并以这个新名字开启了自己在中国的新篇章。读到这里，读者想必已经明白，本文作者就是这位奥地利人。

马世吉一步步将自己对中国市场的构想转化为现实,将自己对中国文化的热爱付诸行动。"我们不仅需要等待合适的机会,而且应该以正确的方式处理本职工作并创造新的机会。"马世吉努力提升本地团队的企业家精神并贯彻"为中国客户提供本土解决方案"的经营理念。"如果您用心对待您的同事,他们也将用心对待您的企业和客户。事实就是这么简单。"奥镁中国的团队重视公司担负的责任和秉持的文化理念,并将公司业务视为自己的生意来经营。2014年,凭借在耐火材料行业作出的突出贡献和在中奥文化经济交流中发挥的重要作用,马世吉被大连市政府授予"星海友谊奖",该奖项为大连颁发给外籍专家的最高荣誉奖项。2016年,马世吉更是收获了一份至高无上的荣誉——外国人永久居留证(中国绿卡),成为第一位获得中国绿卡的奥地利公民。2007年播下的中国梦的种子,终于开花结果,并且牢牢扎根于这片土地。

对大多数"老外"来说,他们来到中国两三年之后就会回国。现在,马世吉来到中国已经15年。其间,马世吉领悟到了一个颇有中国味道的理念,就像他在接受采访时所说:"在中国,我学会了'两手抓,两手都要硬'的道理,既要抓荣誉,也要抓品质。"

《礼记·中庸》曾言:"惟天下至诚为能化。"这句话正是对马世吉热爱中国并为之奉献的真实写照。在这位"中国通"的带领下,奥镁集团在中国的发展迈上了一个新台阶,进入了平稳快速发展的新阶段。奥镁与中国的合作仍将不断升温。

发展——全方位升级的合作

2006年,奥镁在中国市场已有一定知名度。凭借对整个亚洲市场极强的适应性和战略远见，奥镁的业务不断升级。奥镁与中国顶尖的工程公司合作，成功创立了工业事业部。随后，又创建了钢铁业务部门，填补了长期以来的空白。从此，多个业务领域齐头并进。

时任辽宁省委书记李克强曾对奥镁作出积极评价："奥镁公司在耐火材料生产经营方面具有先进技术和管理经验，多年来与我省有着良好的合作。我们将进一步加强同奥镁公司等国内外企业的合作与交流，合理利用镁资源，不断提高菱镁矿开采和加工技术水平，增强我省镁质产品的市场竞争力。"

作为重工业企业，奥镁在中国面临的最大压力无疑来自环境保护。谁率先解决了污染问题，谁就在市场竞争中占据了优势和先机。如何实现绿色转型、打造绿色工厂，是奥镁和马世吉工作的重中之重。

为此，马世吉与奥镁中国的同事率先将世界领先技术钢铁连铸"三大件"等静压产品生产线引入中国，并逐步完善了产品的生产制造、技术改进、检测调试、市场营销及售后服务多个环节，通过了ISO9001及ISO14001国际质量体系认证，并在2013年通过了ISO18001职业健康国际质量体系认证。

此外，针对中国耐材市场一直在渴求无铬化的水泥窑砖生产技术的情况，马世吉冲破层层阻力、毫无保留地将该项技术从欧洲先进的工厂带到中国。目前该项技术及产品已经在中国水泥行业普及并应用，中国水泥的环保指标被一举提高到了欧洲同一水平。

2016年，奥镁中国投资300多万元，建设了一套湿法去除氮氧化物系统，又称"湿法脱硝系统"。该系统运行初期便取得良好的脱硝效果。2017年国家环保督察组在辽宁督查后，该系统被行业内同类企业相继采用。为优化效果、提升效率，2018年奥镁中国继续投资700余万元，建设了又一套湿法脱硝系统。

2019年，奥镁中国钢铁业务团队从广西盛隆冶金有限公司拿到了一项约2000万欧元的总承包业务，这是奥镁中国历史上第一个优质钢材生产的"从钢包到模具"承包项目。健康、安全、环保的理念在这个项目中得到了全面体现。此项目掀起了奥镁在中国西南地区发展的新浪潮，带动该区域钢铁工业实现了在产能和质量上的双增长。奥镁的环保理念，从大连"南下"，由东北至西南，正在覆盖、影响整个中国。

作为一家在安徽池州经营自有矿山的外资企业，奥镁中国在打造自己"绿色矿山"的同时，更是将该理念带给了客户与合作伙伴。凭借"绿色矿山"，奥镁位于池州的工厂和当地旅游业得以共存。

奥镁中国每一次在环保领域的积极探索和尝试，都成功践行了"绿水青山就是金山银山"的发展理念。立足长远，奥镁中国不再走传统企业那条"先污染，后治理"的老路。环保意识不应该仅仅来自政令，更应该是经营者的必然担当。奥镁中国走在时代前沿，通过技术革新与绿色实践，将社会效益、生态效益和自身经济效益完美结合，走出一条"少污染，先管理"的新路。

"科学技术是第一生产力"，深耕中国的奥镁公司充分意识到科技创新是顺应时代发展的必然选择，也是满足中国市场对高质量、高生态化产品不断高涨的需求的必要方案。2015年，奥镁中国在大连市建立了研发中心，这是奥镁集团全球运营的五个研发中心之一。超过250位专家和科研人才在这里共同协作，不仅使大连成为五家研发中心里的中流砥柱，更是不断打造出适应中国本地的定制产品。

细数近年来奥镁中国斩获的各项荣誉：2016年大连市金普新区纳税突出贡献企业、营口市纳税超千万元企业、大连市及池州市模范劳动关系和谐企业、大连市纳税信用等级A级企业、金普新区2017年"一带一路"专项奖励、大连市海关AEO高级认证企业、安全文化建设示范企业，等等，每一项荣誉称号的背后都是奥镁肩负的责任，每一张荣誉证书都是奥镁实力的见证。

在过去的几年中，越来越多的成功项目出自奥镁中国，进而被反推到奥镁集团其他地区分支企业。奥镁中国开始引领世界耐火材料行业变革，正在推动行业迈向新的里程碑。

雄心勃勃的发展计划与各领域的大踏步发展使奥镁在华企业规模不断扩大。目前，奥镁中国雇员已超过 2000 人。但奥镁集团与中国的合作并不局限于为当地提供就业机会、培训机会等经济层面。长期以来，奥镁都是社会公益活动的积极参与者，时刻关注中国公益事业发展并积极践行企业的社会责任，每年都以多种形式资助和参与社会公益活动。从地震灾害捐款到资助贫困儿童，从小学生长期培养计划到大学生创优竞赛，从举办工业论坛到技术交流分享会，奥镁从多维度、多年龄段、多方面入手，积极践行企业宗旨，充分担当社会责任。

其中，最为亮眼的当属"奥镁绿意杯"科技创新大赛。这项由奥镁公司资助、大连工业大学工程实践与创新创业教育中心和大连市环境保护产业协会共同主办的赛事以"绿色环保"为主题，串联了企业、学校、事业单位，吸引了共计 73 个大学团队参赛。经过答辩展演，最终有 18 项优秀成果脱颖而出，分别获得奥镁创新奖和一、二、三等奖。同时，最佳人气奖通过网络渠道吸引了近万人投票参与。2020 年，这项赛事已经升级为省级竞赛，其更加广阔的平台将吸引更多院校、更高水平的团队参赛，进一步全方位锻炼学生的创新能力、团队协作能力，更广泛地传播奥镁公司的绿色环保发展理念。

一个优秀的企业，除了要对社会产生价值，更要对员工和客户负责。2020 年初，面对肆虐的新冠肺炎疫情，马世吉毅然决然地提前结束在国外的行程，赶回中国投入公司抗疫防护及恢复生产的各项工作之中，奥镁公司的各项生产与经营工作始终有序进行，员工健康得到保障，客户利益也得到了最大的维护。在切实做好自身疫情防控的同时，奥镁积极履行社会责任。疫情发生后，在马世吉的倡议下，奥镁公司第一时间向武汉慈善总会新型冠状病毒防控专项基金捐款100万元，以实际行动支持疫情防控，把爱心关怀传递给疫区人民和医护人员。

未来——着眼于科技的突破

2040年，世界人口预计将从2017年的70亿增长到90亿，其中20亿的增长很大一部分将来自亚太地区。到2040年，全球将有40亿人成为中产阶级，平均寿命将增加到70多岁。世界人口和中产阶级的增长，迫切需要开辟新的城市、道路、铁路、公寓、汽车等领域。由此来看，耐火材料在未来的现代社会建设中仍大有用武之地。对于未来发展，奥镁公司的创新解决方案比以往任何时候都重要。

新冠肺炎疫情打乱了世界经济发展的节奏。但是从另一侧面看，这也加速了奥镁在数字化和自动化方面的进程。总投资约4700万欧元的"Radenthein数字旗舰工厂"是全球耐火材料行业最现代化的工厂，用于最先进的基础设施以及数字化建设。

为适应数字化和自动化领域的飞速发展，奥镁公司于2019年在中国上海建立了一个全球数字化和自动化中心，聚集了一大批"工业4.0"方面的青年才俊，在中国乃至全球开发了多个项目。

奥镁董事会主席赫尔伯特·考特特别强调了"Radenthein数字旗舰工厂"的示范意义：这项投资证明了我们作为技术领导者并拥有专业员工的实力，他们将其他领域（如化学工业和汽车领域）的最新技术知识融入该项目的规划中。项目结果是显著的，整个耐火材料行业都将把"Radenthein工厂"作为未来现代化工厂的典范。

游历篇

> 冯骥才："钻进你们的肚皮！"——《乐神的摇篮——萨尔茨堡手记》序
> 冯骥才：维也纳生活圆舞曲
> 叶廷芳：古城的魅力
> 叶廷芳：亲切的历史证物——奥地利古代民间建筑露天博物馆参观随想
> 航鹰：葡萄酒之路通向巴登
> 航鹰：SOS儿童村总部的"爸爸"
> 刘光耀：游美泉宫话旧

"钻进你们的肚皮！"
——《乐神的摇篮——萨尔茨堡手记》序

冯骥才（中国当代著名作家）

在维也纳戒指路上的蓝特曼咖啡店刚刚坐下，马万里就把萨尔茨堡州州长艾瑟尔的一封邀请信交给我。他说，州长先生非常希望我写一本关于萨尔茨堡的书，给我的中国读者看。他盛情约我和我的妻子去萨尔茨堡住上一阵子。

艾瑟尔州长和马万里对中国都可谓情有独钟。马万里在奥地利驻华使馆做了多年的商务参赞，他妻子是典型的东方女子，曾在北京一家电视台做节目主持人。有趣的是，他家里毫无奥地利的色彩，到处都是来自中国的古陶、漆器、青花瓷和老家具。我对他开玩笑：你这样做是不是怕妻子想家跑回去？艾瑟尔对中国简直有点入迷。他想把萨尔茨堡和中国什么地方像两条彩带那样扎成一个蝴蝶结。他朝夕不能忘却的是，在萨尔茨堡与海南之间开通一条航道——让往来更快捷、更直接。

美好的情意最能驱动写作人的笔。

我很喜欢蓝特曼咖啡店的氛围，尤其是伸到街面上那一片露天的座位。坐在这儿，视野开阔，画一般展开的是古老又考究的皇家建筑、浓密的树木与繁盛的花；来来往往的汽车中，不时会有载着观光游客的老式马车嗒嗒有声地缓缓走过。现代的速度与历史的速度和谐地交织在一起。特别是一些黑嘴小鸟，会毫无惧色地落到桌前，啄食桌面

《乐神的摇篮——萨尔茨堡手记》封面

上甜点的碎渣。于是，在谈话中，常常会有一只鸟从眼前唰地飞过。世界上哪里还有这样美妙的咖啡店，尤其在市中心？

我对马万里说："我去过两次萨尔茨堡，非常喜欢那个地方，很愿意为它——也为我的读者写一本书。但我不会写旅游性和介绍性的书，我写的是文学。因此我有两个要求：一是需要看资料，一是要见一些人。"

"什么样的人？哪些人？"马万里问。

"各种各样的人。比如研究莫扎特的专家、博物馆员、历史学者、市民、工匠、乡下的百姓、收藏家，最好有一位民俗专家——萨尔茨堡通。对了，还有大主教，萨尔茨堡曾经是大主教说了算。大主教是非见不可的！"

"为什么要见这么多人？"

"为了钻进你们的肚皮！"我说。我笑了。

马万里的表情略显困惑。坐在我身边的中国使馆文化参赞孙书柱却微笑点头。他是一位诗人，深知作家只有抓住人才能抓住生活的魂。

马万里主持的萨尔茨堡州中国事务办公厅是一个工作效率极高的部门。他们不仅尽力满足我的一切要求，还真的为我找到了缤纷多彩的各色人物。从莫扎特糖球的发明人到地方史专家，从音乐学院院长到两千米以上雪山上的山民，从闻名世界的木偶大师到至少有六个世纪历史的铁艺的传人……连陪同我的一位萨尔茨堡朋友都说，他也没见过这些奇特又有趣的人物。然而，正是由于与这些方方面面人物的结识，我才钻进了他们的"肚皮"，触摸到了这块非凡的土地中最重要的东西。

萨尔茨堡，无论是城市还是辽阔的山野与乡间，都拥有着绝世之美。但作家的工作远非欣赏美与描述美，而是寻找内在的个性和魂灵，使读者与其神交。

为此，在离开萨尔茨堡返回维也纳之时，我身上带着一本密密麻麻写满蝇头小字的"笔记"、30多公斤的资料和至少800张照片。读者一定会奇怪我为什么做出如此之大的付出！

根由很简单：我希望我的努力能够满足我的读者，也不辜负这座世界文化名城——这个乐神莫扎特伟大又奇妙的摇篮！

2003年8月1日

维也纳生活圆舞曲

冯骥才（中国当代著名作家）

清早醒来，不睁开眼，尽量用耳朵来辨认天天叫醒我的这些家伙们。单凭听力，我能准确地知道这些家伙所处的位置，是在窗前那株高大的七片叶树里边，还是远远地站在房脊和烟突上。当然，我不知道这些家伙的名字。我的家乡决没有这么多种奇奇怪怪又美妙的叫声，我的城市里只有麻雀。

有一种叫声宛如花腔女高音，婉转、嘹亮、悠长，变化无穷，它怎么能唱出如此丰富而不重复的音调？后来我在十四区博物馆听鸟儿们的录音时，才知道这家伙名叫 AMSEL（乌鸦）。它长得并不美。我在闭目倾听它的鸣唱时，把它想象得美若彩凤。其实它全身都是乌黑的羽毛，有一个长长的黄嘴，好似一只小乌鸦叼着一支竹笛子。

我发现，闭上眼睛时，声音会变得特别清晰和富于形象。有一种叫声像是有人磕牙，另一种叫声好似老人叹息，声音沙哑又苍老，但它们总是在很远很远的地方。还有一种鸟叫得很像是猫叫。一天，它一边叫，一边从我的窗前飞过。我幻觉中出现一只"飞的猫"。

一位奥国朋友称这种清晨时鸟儿们的合唱为"免费的音乐会"。参加这音乐会的还有远远近近教堂的钟声。我闭目时也能听出这些钟声来自哪座教堂。从远方传来的卡尔大教堂的钟声沉雄而又持久，来自后街上克罗利茨小教堂的钟声却清脆而透彻。小教堂钟声的加入，常常使这

后街上的教堂

"免费音乐会"达到高潮。然而,每每在这个时候,从窗子里会溜进来一股什么花香钻进我的鼻孔。

五月里的维也纳是"花天下"。

家家户户挂在窗外的长方型的花盆全都鲜花盛开,绚烂的颜色好像是这些家庭喷发出来的。许多商店用彩色的花缠绕在门框上,穿过这门就如同走进花的巢穴。按照惯例,城市公园年年都用鲜花装置起一座大表,表针走得很准时,花儿组成的表盘年年都是全新的图案。今年,园艺家们别出心裁,还在公园东北角临街的一块高地上,用白玫瑰和冬青搭起一架芬芳的三角琴。于是,维也纳的灵魂——音乐与花,全叫它表达出来。

楼前院子里，用白玫瑰和冬青搭起的"三角琴"

古城依旧的维也纳，很难找到一条笔直的路。开车在这些弯弯曲曲又畅如流水的街道上跑着，两边的景物全像是突然冒出来的：或是一座宁静又精雅的房舍，或是几株像喷泉一样开满花朵的树，或是一个雕像……这是行驶在笔直的路上绝对没有的感受。而且，跑着跑着，很容易想起音乐来。在这个音乐之都中，最重要的并不是到处的音乐会，到处的音乐家雕像与故居，而是你随时随地都会无声地感受到音乐的存在。所以勃拉姆斯说："在维也纳散步可要小心，别踩着地上的音符。"

有人说，真正的维也纳的音乐并不在金色大厅或歌剧院，而是在城郊的小酒馆里。当然，卡伦堡山下的那些知名的小酒店的乐手们过于迎合浅薄的旅游者的口味了。他们的音乐多少有点商业化。如果躲开这些旅游者，跑到更远的一些乡村的"当年酒家"里坐一坐，便能够体会到真正的维也纳音乐。坐在长条的粗木凳上，一边饮着芳香四溢的当年酿造的葡萄酒——那种透明的发黏的纯紫色的葡萄酒更像是葡萄汁，一边咬着刚刚出炉、烫嘴、喷香而流油的烤猪排——那是一种差不多有二尺长的很嫩的猪肋，忽然欢快的华尔兹在你耳边响起。扭头一看，一个满脸通红的老汉，满是硬胡茬的下巴夹着一把又小又老的提琴，在你身后起劲地拉着。他朝你挤着眼，希望你兴奋起来，尽快融入音乐。一条短尾巴的大黑狗已经围着他的双腿起劲地左转右转。整个酒店的目光都快活地抛向他。音乐，是撩动人们心情的"神仙的手指"。这才是维也纳灵魂之所在。

曾经疆土极其辽阔的奥匈帝国已然灰飞烟灭，它使得今天的奥地利人在心理上难以平衡。他们一边酸溜溜地感叹着往事不堪回首，一边又要矜持地守卫着昔日的高贵与尊严。这也是维也纳古城原貌得以保持的根由之一。至今，那些古老建筑依然刷着王公贵族所崇尚的牙黄色的涂料。奥地利人和意大利人在保护古城上的想法全然相反。意大利人绝对不把老墙刷新，让历史的沧桑感和岁月感斑斑驳驳地披在建筑上，他们为这种历史美陶醉和自豪，在罗马、佛罗伦萨、西耶那，连墙上的苔藓也不肯清除掉；但在奥地利，每隔一段时间，建筑要刷新一次。他们总想感受到昨日的辉煌。于是，在维也纳城中徜徉，真的会觉得时光倒流，曾经威风八面的哈布斯堡王朝恍惚还在——特别是背后响起旅游马车驶过时"嘚嘚"的蹄声。

在维也纳，最没有改变的是它的节律。

看着维也纳人到处光着膀子躺在绿地中央睡大觉，或是在街头咖啡店一坐就是几个小时，或是开着车去到城外泡在湖中，无法想象他们怎么工作或靠什么活着。

如果计算走路的速度，日本人比奥地利人至少快五倍，美国人比奥地利人快七倍。全维也纳人走在大街上都像是散步。

有人说，是奥地利人太多的节日和宗教的红日稀释了他们的节奏。他们还没有从一个甜蜜的节日里清醒过来，又进入了下一个节日。

有人说，是奥地利健全的保险体制使他们毫无后顾之忧，同时奥地利的税制又不鼓励他们发大财。收入愈高，税会愈高，而且高得惊人，它叫你最终放弃了成为巨富与"世界百强"的狂想，选择温饱和放松。

然而，有人则说，归根到底还是奥地利人本性使然。这个温和的民族过于热爱生活，而他们把生活看作是由阳光、花朵、绿色、美食和音乐组成的。他们更愿意尽享这上天赐予的一切，而不想为了占有太多的身外之物而承受过大的负担。也许你会认为他们不思进取，不尚深刻，但他们却很满足自己拥有的蛮不错的现状。

所以，在维也纳绝对看不到华尔街上那种如狼似虎的表情，看不到纽约地铁中那种严峻与紧张；即使在市中心的商业街上，也看不到银座一带那种物欲横流与人声鼎沸。

懒散的、松弛的、悠闲的奥地利人呵！

还有人说，还应该看维也纳的另一面。他们拥有17位诺贝尔奖的获奖者，有维特根斯坦、弗洛伊德和波普，他们都曾把人类的思考推向某一个极致。但是从社会的全景观看，不少思想者因为生活平淡和无聊而自杀。他们受不了维也纳天天一样的生活，他们酗酒，因此，在维也纳，许多醉汉在醒来之后都是思想家。

最消磨维也纳人的时光，又使他们难以摆脱的，是咖啡。

五月里，维也纳大大小小的咖啡店都把咖啡座位搬到边道乃至街道中央。从日头高照支起阳伞的上午十时，直到点上蜡烛的夜晚，那里总是有不少人。然而，看上去维也纳的咖啡店与巴黎很不一样。巴黎人在咖啡店里好像总是前后左右挤在一起，维也纳仿佛全都舒舒服服地坐在头等舱内。

传说，维也纳人的咖啡来自土耳其。有的说是16世纪土耳其军队从维也纳逃跑时扔下两麻袋咖啡，从此咖啡传遍奥地利；有的说是一名亚美尼亚籍的奥地利间谍打进土耳其军队，目的是想弄明白土耳其士兵为什么一上阵就那么兴奋，最后获得一个极为重要的情报，就是他们喝了咖啡。

据说就是这位亚美尼亚籍的间谍，战后在维也纳开了第一家咖啡店。这家咖啡店早已无迹可寻，但维也纳300年的咖啡文化却十分隽永而深厚。

还有一个传说。说五个旅游者到维也纳喝咖啡。维也纳的咖啡有36种，五个旅游者每人点了一种咖啡，都喝得很美。后来他们去到德国，在咖啡店里也是各点了一种咖啡。结果德国人端出来的咖啡却是一样的。

这个嘲笑德国人的故事在维也纳无人不知。维也纳很自豪他们咖啡种类的繁多。我最喜欢的是一种加奶沫的淡咖啡，名叫美朗士。然而，如果回到天津，坐在书桌前喝美朗士就完全不是滋味了。那就必须去到维也纳，与朋友散步间随便在一家街头咖啡店坐下，两腿一伸，让傍晚的清风吹进裤管，同时依着兴致，找一个话题聊起来，并时不时端起美朗士，把这种带着微微刺激和芳香的液体，薄薄地浇在舌苔上。

维也纳奉行着享乐主义。他们的享乐一半以上是享受大自然和艺术。所以他们一定是唯美主义者。

在这一点上，维也纳人有点像日本人。他们精心打扮自己的家园，决不草率地对待任何一个角落和一个细节。维也纳是采用垃圾分类的城市，街道两旁常常放着一排六七个垃圾箱，箱盖的颜色不同，表明箱内的垃圾不同。有的是塑料，有的是金属，有的是生物，有的是玻璃……

即使玻璃，也要把有色的和无色透明的严格区分出来。维也纳人对生活的精细和精心由此可知。那些街头的花坛，很少同一种花种上一片，总是用许多不同种类和颜色的花精巧地搭配一起。这也是他们的传统。世界上还有哪个城市墙面上的浮雕比维也纳多？从巴洛克到青年风格派，每一座建筑的墙面都是建筑师们随心所欲发挥想象力的画布。

维也纳是座唯美的城市。为此，维也纳人决不会随意毁坏它。支持维也纳人城市保护意识的理论，来自历史学家蓝柯的那句名言："从历史的原状认识历史。"欧洲人一向把自己的历史精神看得至高无上，因此他们不会把历史的遗物当作岁月的垃圾。

这座城市的所有街道几乎都是老街。铺路面的石块往往还是二百年前埋在那里的，如今有的已磨成亮光光的石蛋，有的布满裂痕，像一张张古怪的脸。所有老店都把自己一两个世纪前开张时的年号镶在墙上，愈古老愈荣耀。当老店易主而转手他人时，也不会重新装修，因为古老的风格具有不可复制的历史气息。更不要说去干那种把老楼推倒重建的蠢事了。这种一二百年前的房子，都是小小的门，长长的走廊，四四方方的庭院和高深莫测的大房间，也都曾出现在茨威格的小说里。每一层楼的过道墙上都有一个水龙头和饰有花纹的生铁铸成的水盆，乃是昔时几家邻居共用的"上下水"。虽然早已废弃不用，却没有人把它拆卸下来。人们都知道——由于当年这里是女人们经常碰面和搬弄是非的地方，所以它有一个既生动又风趣的外号，叫"长舌妇"。

有的人家在"长舌妇"里边栽上一些红色或粉色的花。

维也纳是世界上标志最多的城市。这些标志大多是一种圆形小牌，把一些特殊的"规定"用形象的方式表达出来。

比方地铁车厢里那种指定的老弱病残的座位上，会有一排小圆牌，画着大肚子的孕妇、戴墨镜的盲人、拄拐的残疾人和凹胸凸背的老者。

比如公园内的进口处，往往也有许多小圆牌，用图像告诉人们不能骑车，不能遛狗，不能吓唬小鸟；下雨时不能站在树下，以防雷电攻击；对花粉过敏者要小心繁花怒放的地方。

维也纳对花的热爱带来的负面，是引发人们花粉过敏。每到春天，都有人在街头用手绢捂住鼻子，还止不住大声如吼地打喷嚏。因为花粉过敏无药可治。

如果细看，他们这些标志总带着一种对他人的关切。当然，还不止于对人。比如一些商店谢绝狗入内，就在门前画一只可怜兮兮的小狗，用狗的口气说："看来我只能待在这里了。"

它叫你感受到这个城市的人性与温情。

我第一次到维也纳，是参加IOV（国际民间艺术组织）的考察活动，那是1988年。接待我们的秘书长是一位致力于国际民间艺术交流的志愿者，名叫法格尔。他做过上奥州共产党的书记，1963年弃政从文，奔走于世界各地。他相信民间艺术的交流是人类最纯洁和本色的交流。他从40多岁一直干到今天75岁，已经有140多个国家的会员，各种民间艺术的交流活动遍及全球，故而这个由他一手操办的纯民间团体被联合国认定为B级组织。但是他只能从政府那里得到一点很微薄的支持，其他经费全由自己一手运筹。穷困难支时，便掏自己的口袋。多年来，他已经把自己的房产卖掉而搭进去了。

为此，我把他视为知己。无论世界任何地方，民间文化都在被无知地轻视着。民间文化事业是寂寞的，它的支持者都是虔诚的奉献者。

15年来，我在世界不少地方开会时都和他碰在一起，从希腊、奥地利、匈牙利、波兰到中国。我还多次拜访设在维也纳郊外的IOV总部。15年前他目光锐利、手势果断、行走挺劲的样子，依然鲜明地浮现在眼前，但如今他已是眼神迟疑、说话无力、双手下意识地不停抖着。我

冯骥才（左三）参加 IOV（国际民间艺术组织）的民间文化艺术活动

望着他，心里有点伤感。他的理想把他的精力掏空了。岁月对于他和他致力的民间文化都非常无情。他却犹然坚定地对我说：艺术与体育不一样。体育最终只承认第一，第一风光无限，第二就不那么重要了；但艺术是平等的，不同的文化艺术同样重要，相互不能替代，只有交流。

我说，文化交流最终的目的，不是为了一样，而是为了更不一样。

另一个让我感动的维也纳人是建筑师和画家百水。

有人说，20世纪的建筑师中有两个怪人，都是一任天真，充满童真和奇特的想象。一位是西班牙的高迪，一位是奥地利的百水。他们的风格都是一望而知的。比如百水，流动在他建筑上的曲线，积木般的圆柱子，带表情的窗子，凹凸不平的地面等等都散发着他一无遮掩的个性。但百水更重要的意义是他视"环保"为天职。

2003年的维也纳之旅使我结识到一位在奥工作的中国女孩子。她曾与百水有过一段情谊真挚的交往。我和她的交谈，使我一下子看到了百水的灵魂。

这个灵魂是绿色的，透明的，绝无任何杂质。

他平时喜欢头上扣一个彩色的小帽子，衣着随便，家里边一塌糊涂，走出门时，常常一只脚穿一种颜色的袜子。20世纪60年代他在一次演讲时，忽然把衣服脱下，当众赤裸。听众中有一位是女议员，这使当场的气氛很紧张。人们攻击这位放荡不羁的艺术家行为过分。但他说，他想表示人有五层皮肤。第一层是宇宙，第二层是大自然，第三层是空气，第四层是衣服，第五层才是皮肤。每一层都不能破坏。

也许百水是聪明的。他知道在媒体霸权的时代，他以这个"非常"的方式可以使人们记住他的思想：捍卫大自然！

由此，我理解到，他的作品全是他思想的工具——

他把垃圾处理厂设计得那么美丽，是因为这里可以完成垃圾的梦想——还原于生活；他设计的房子，要不到处是树木，有时屋顶还是一片绿意盈盈的小树林呢；要不就与大地混在一起，一部分房间干脆钻入地下。一种对大自然的亲切感让人感动。至于他常常把地面设计得凹凸不平，是想使人随时感到大地的生命韵律。

他画中那些年轮般环环相套的线条，象征着大自然的生命；那些螺旋状的柱子，象征生命的成长；那些葱头状的屋顶，象征生命所孕育的勃勃生机。他作画不用化学颜料，只用矿物质的颜料。他喜欢随心所欲地作画，就像大自然中的草木自由自在地生长。

他的艺术个性不就是他思想的个性吗？

尤其是在全球工业化和商品化的时代，他的思想与行为有着特殊和紧迫的意义。

1998年他在法国买了一处房子，看上去很像原始人的住所。没有人知道他买这个房子为了什么。后来，他又在新西兰买了一处不大的农场。那片土地全然与世隔绝，一切生物都没有被污染和破坏。他时时一个人裸体地生活在那里。这时人们才明白，百水想做一个纯粹的自然人。

他说：大自然给人最珍贵的东西是纯洁，人应该把纯洁还给它。

2000年2月，他死在了异乡。死前他留下了遗嘱，说他要赤身裸体埋在他新西兰那块净土中。他要把自己纯洁地还给大自然。他身体力行地完成了自己的追求。虽然他的遗体远葬他乡，却把他终生经营的绿色的理想散布在维也纳的空气里了。

我在维也纳见过三个小小的"奇迹"——

第一，在市中心戒指路上那家著名的蓝特曼咖啡店，我与魏德大使夫人聊天。时时会有觅食的鸟儿从我们中间"嘯"地飞过。它们每一次飞过，我们都会微笑一下。世界上什么地方还会有这般美妙的情景？

第二，我和朋友们在普拉呼塔餐馆吃水煮牛肉，当服务生将一瓶上好的葡萄酒斟入我的酒杯时，即刻有一只蜜蜂飞落在我的杯沿上。它金黄色球形的肚子一鼓一鼓，玻璃样的翅膀一张一合。世界上哪里还会有这样神奇的事情发生？

第三，一天出门散步，在我居所后边一条小街上停着一辆白色的小轿车。车后边装一个铁架子，上边放一个奥式的长条的花盆，里边金黄色的菊花正在盛开。世界上哪里的人会把鲜花装在车上，带着它到处奔跑？

只有维也纳。

维也纳是个生活的城市。但他们不是为生活而生活，而是为美为享受美而生活。他们的一切生活片段都可以转化为圆舞曲,所以才出现了圆舞曲之王施特劳斯。

如果说莫扎特是萨尔茨堡的灵魂,施特劳斯则是维也纳的灵魂。也许它不够深刻,但它把人类快乐而华丽的美推向了极致。

1995年奥地利政府决定与匈牙利合办世界博览会,并指定在空旷的多瑙河南岸开辟新区,像巴黎的拉德芳斯那样,兴建现代化的建筑场馆。但此举遭到维也纳人的反对。一种维也纳式的思维爆发了:我们生活得已经很好了,为什么还要拼命干?世博会一来,一定会扰乱我们的生活!故而举行全体市民的公投表决,最终还是把世博会否决掉了。

装饰着鲜花的白色小轿车

于是,维也纳依旧是鲜花、皇宫、老街、咖啡、施特劳斯的旋律和"免费的音乐会"。

如果你是维也纳人,你会选择怎样的生活?如果你不是维也纳人,你在这座世界文化名城里,愿意看到怎样的一种生活?

2003年9月10日

古城的魅力

叶廷芳　（中国社科院外国文学研究所研究员）

早就听说，奥地利的因斯布鲁克是欧洲最美丽、也是最有活力的小城之一：仅在 20 世纪六七十年代的 12 年内，就先后承办过两次冬季奥运会，而她的人口只有 13 万（其中大学生有 3 万）。单凭这一点，这个位于阿尔卑斯山心脏谷地、通向南欧要道上的城市，就足以令人神往的了。碰巧今秋一个被邀参加的国际学术会议在这里召开，使笔者得以一睹其风采。

这座城市新、旧部分仅一街之隔，泾渭分明。旧城位于北边，紧贴着阿尔卑斯山之麓，一条名叫"茵河"的激流从山脚下划过，一座 90 米高的桥梁（古德语叫"布鲁克"，"因斯布鲁克"的城名即由此而来）把城市的南北中轴线延长到北岸，于是也就把部分居民带到对岸的山坡上。笔者下榻的饭店正好位于这条中轴线的最繁华的步行街上。我放下行李就把整个旧城匆匆浏览了一遍，一个个扑面而来的信息丝毫不带那豪华的现代商业气息，而是充满古朴而浓郁的历史文化气氛。如果不是亲眼目睹，很难相信，在不到三平方公里的城郭范围内，有这么多密集而壮观的文物景点：古老的大学校舍（已有 300 多年历史）、别致的皇家宫殿、宏伟的教堂与古堡、高耸的钟塔与圣女柱、庄严的凯旋门与剧院以及众多的博物馆。后经一一"细读"，更为它们的丰富与辉煌而惊叹不已。无怪乎一批批肤色不同的观光者穿梭如织，每年平均达 250 万人之众。

因斯布鲁克的教堂（奥地利旅游局供图）

这座古城给我印象最强烈的是它的建筑景观，倒不在于它的数量和规模，而在于它的风格之多、之全，堪称欧洲建筑史博物馆。你看罗马式的、中世纪式的、哥特式的、文艺复兴式的、巴洛克式的、洛可可式的、新古典主义的、青年风格的……它们不仅见之于那些大型建筑物，而且见之于一般的市井建筑。就在我每天出入的这条步行街上，除了个别的华丽的巴洛克式民居建筑外，哥特式的占了优势，就连街道两厢的拱廊，都是由一个个哥特式特有的尖拱贯穿的。而这条街、也是这座城市的一幢最能招徕观众的建筑物，当推街北尽头的那座"金屋顶"，它其实是一幢哥特式旧王宫大门上的悬楼，宽约四米，高约十米，挑出一米左右；雕刻精致，造型美观，尤其是那两米多高的竖瓦顶金光灿灿。

因斯布鲁克原是个要塞，后成为蒂罗尔州的首府。由于人杰地灵，交通便利，14世纪末受到马克西米连一世皇帝的青睐，不久他干脆把

"金屋顶"（奥地利旅游局供图）

皇宫从维也纳迁到这里，遂使这座城市的建筑气派迅速改观。但从艺术价值而言，得把注意力转向皇宫旁边那座表面很不起眼的"宫廷教堂"。精确地说，教堂内的藏品，特别是马克西米连一世的墓建，被认为是德语区文艺复兴式雕塑艺术的最高成就。藏品还包括教堂中殿两旁那28尊蔚为壮观、艺术精湛的青铜像（都是哈布斯堡家族的先贤）、位于教堂中心那座衣冠冢四壁上的绝妙浮雕以及其他一大批远近闻名的艺术杰作，它们都是文艺复兴盛期包括丢勒在内的两代欧洲杰出艺术家80年劳动和智慧的结晶。一个小教堂内竟荟萃了这么多艺术瑰宝，实属罕见，令人振奋不已。

置身于因斯布鲁克既是一种浓烈的艺术享受，又经受着内心不断被追问的苦痛：是什么神威使这座古城在无孔不入的现代商业势力的进袭下，依然保持着自己完整的历史面貌和尊严，而让那些商厦、"广场"什么的始终不敢近前？

1997年秋于奥地利因斯布鲁克
（原载《人民日报》1997年11月30日）

亲切的历史证物
——奥地利古代民间建筑露天博物馆参观随想

叶廷芳（中国社科院外国文学研究所研究员）

走进狭长而深邃的斯图宾的山谷，仿佛进入了一个隔世的世界、一个古老而偏僻的山寨，因为远远近近迎接我们的几乎都是简易而质朴的木构农舍。只见这家门前的庄稼地上正堆着一垛垛麦秸，那家门前的篱笆内正盛开着各色花朵；较为引人注目的铁匠铺可谓这个"寨子"的主要工业基地，它巧妙地利用旁边一条山涧的水力，推动一个巨大的木制水轮机，作为整个锻造坊的动力。走到尽头，至少两个小时，究竟有多少幢房屋，一时也数不清，只发现它们彼此样式不一，风格亦不尽相同，且有不少房屋堪称别致和美观。其中，有用作校舍、店铺、药房的，有辟为畜圈、仓廪、编织坊的，可以说，这是个工业文明之前自给自足的"农业社会"的缩影。

这就是有名的奥地利古代民间建筑露天博物馆。它筹建于 1962 年，1970 年正式向游人开放。这个别开生面的博物馆无疑是时代发展的产物。20 世纪下半叶以来，随着居民（包括农民）对居住条件的要求迅速提高，以往那些代表一个时代建筑文化特征的房屋大量消失，知识界的有识之士及时发出呼吁和倡仪：立即抢救这笔本国建筑文化的历史遗产。于是，这个占地 50 公顷、拥有 70 幢各式民居的建筑奇观就这样应运而生了，其中的展品都是来自奥地利各个州的具有代表性风格的房屋，大部分都是农舍。为了保持展品本真的品格，每幢建筑物在拆迁以

游历篇

萨尔茨堡露天博物馆(奥地利旅游局供图)

前,都进行了认真的实录工作——测量、描绘、拍摄等,然后一件件复原。室内的陈设同样一应照旧。因此我们看到的这些展品,不仅融会着历史沧桑,而且包含着丰富的人文内涵。令人赞赏的是,这些建筑物在"乔迁"过程中,主事者们充分运用了现代建筑学原理,根据每幢房屋的体量与式样选择新址,使之与周围的小环境尽可能取得协调,因而使得这座大型露天博物馆在两旁高山茂林相护的斯图宾峡谷中,更呈现出千姿百态的景观。

从某种意义上说,斯图宾的这一新奇观,也是"后现代"思潮的产物。这一思潮在文学、哲学等领域似颇难界定和评估,但在建筑领域,其成就是公认的。因为经过一个多世纪的"现代"的努力,钢铁水泥的

"森林"在全世界铺天盖地，这些庞然大物对于活生生的血肉之躯来说，显得太陌生了，太冷冰冰了，太缺乏人情味了！于是，人们怀想起往日那种木构房子的亲切与温暖。无怪乎这座博物馆在奥地利被称为"亲切的博物馆"。

事实上，它对于异邦人也会让人感到亲切的，它至少唤起我这个亚洲人许多忘却了的怀想。比如我家乡（浙江）村边的那座"水碓"，它曾是全村三百户居民舂米和榨油的唯一作坊（它也是由一个巨大的木制水轮机带动磨盘和若干舂槌的），也是全村人际交流的一个重要场所。60年代初，正当欧洲人通过"后现代"的精灵召回这类历史证物的时候，"现代文明"的使者——电动碾米机和榨油机却刚刚进驻我们的村子，那座多少个世代与全村村民相依为命的水碓也随之"靠边站"，接着就整个儿消失了。它的被取代，无疑是历史的进步，但它的消失却是人文价值的损失，令人痛惜。但愿那些幸存的水碓们能够避免这样的厄运。

1995年夏于奥地利格拉茨

（原载《中华读书报》1996年11月6日）

葡萄酒之路通向巴登

航鹰（中国当代作家）

在我踏上归国旅途的前一天，正巧是个星期日，李夏德博士牺牲自己的休息时间，驾车陪我去巴登市。巴登离首都很近，坐落在维也纳森林里。

公路两旁满是葡萄园，这一带是奥地利两大葡萄产地之一。当地种葡萄并不像我国需用爬架，而是将每株剪成一米多高附在一根支架上，间距很近，远远望去犹如列队的士兵，煞是整齐好看。这条路有一个醉人的名字——葡萄酒之路。

奥地利的葡萄（奥地利旅游局供图）

奥地利的葡萄酒在欧洲久负盛名，有许多古老的酒窖。我们在奥地利每次用餐，都可以择其所好要一小杯葡萄酒，品种有红、白、酸、甜各式各样，一律保持原汁原味，不放添加剂。品一小口，自然醇美，口角生津。

我们访问过一家小型酒窖，已经有 200 多年的历史了。主人巴尔克维奇先生是一位画家，每周有三天去维也纳职业培训学校教绘画，其他时间回家照料五公顷葡萄园。他在开着汽车两头奔忙的紧张节奏下，还抽时间画了许多优美的风景画。他家生产七种葡萄酒，酒名挺好听：蓝色法兰克、绿色瓦尔特丽娜……

在酒窖门外告别时，李夏德博士指着门楣上方悬挂的用松枝编的花束问我："知道这是什么意思吗？"

我摇摇头。他说："这是卖新酒的招幌，每到新酒出窖的日子，酒农们就在门外高悬一束松树枝，人们就来尝酒买酒了。"

初夏时节，葡萄园里刚刚绽出新绿，但我似乎已经闻到了浓郁醇厚的酒香。路边开满虞美人，纤细的绿茎托举着红花冠黑花心儿，微风掠过也摇摇曳曳喝醉了一般。舒缓的山冈上，森林绿深翠浅，层层叠叠，都像是酒后微醺的样子。哦，名副其实的葡萄酒之路！

汽车开进一座小镇，这便是奥地利最著名的葡萄酒产地宫波尔兹奇尔亨。别看村镇不大，每年九月，松树枝花束挂满了街道两旁，维也纳等城市会有一万多人来参加在这里举行的"酒节"。在那个古老的节日里，全镇几十家酒窖都把餐桌摆在路边，连接成一个长长的宴席。人们在这里品酒买酒，演奏音乐，跳舞唱歌，全镇一体的酒宴终日不散。

沿着奇妙的酒神之路，我们来到了幽静的巴登市。巴登曾经是皇帝的别墅，别看城市小，却有许多古老华美的建筑。巴登公园颇具特色，修在山坡上，迎门处有一方钟形花坛，表盘和时间数字由各种不同色彩的艳丽花朵组成。它时时提醒人们，要珍惜这如花的岁月。顺着山坡朝上走，有约翰·施特劳斯和另一位以写圆舞曲著称的音乐家朗纳的塑像，还有一座喷泉雕塑，表现少女战胜水妖的神话故事，美丽少女和各种妖怪的神态栩栩如生。

如果只有这些并不足奇，公园的令人迷醉之处在于它只有前门没有后墙，再往山上走即是原始森林了。巧夺天工与自然景色浑然一体，精致的人工园林浓缩了大自然美的主题，而郁郁山林又是花园的无尽延伸，当初的构思真是妙极了！

李夏德带我去看贝多芬旧居，不巧纪念馆休息。我表示在联邦德国已参观过贝多芬出生的故居了，他的遗憾之情才稍减。旧居门外有一块铜牌，写着："贝多芬于1821、1822、1823年的夏天居住在这里，写了著名的《第九交响曲》。"

贝多芬从1796年起听觉渐衰，到了1820年以后两耳就完全失聪了。这么说来，《第九交响曲》是他变成聋子以后写下的。他能够创作名为《合唱》的《第九交响曲》，当然和他的丰富经验和音乐记忆有关，但也可能是这里的某种独具神韵的美启发了音乐家的灵感。

作曲家创作那么多圆舞曲、交响乐的灵感来自哪里呢？

我追寻着贝多芬和施特劳斯家族的踪迹，思考这块神奇的土地何以孕育出那么多伟大的艺术家。葡萄园、葡萄酒之路、松树枝花束、森林女神和酒神的联合演出，万人共饮的酒节，画家与酒农、自然山林与人工花园的融为一体，鲜花组成的时钟……这一切都是美的启迪，美的延伸，难道不是一部生命的《合唱》么。

SOS 儿童村总部的"爸爸"

航鹰（中国当代作家）

访问 SOS 儿童村总部，是我来奥地利的主要目的。SOS 儿童村是一个国际民间慈善组织，在中国援建了两座儿童村，其中一座在天津。该组织的宗旨是发扬人道主义，为孤儿提供家庭式的抚养环境。在儿童村里，每个家庭由一位养母和六七个兄弟姐妹组成，家庭与家庭之间形成村落邻里关系，使孩子们在模拟天伦之乐的环境里成长为身心健康的人。这项富有人情味儿的事业，非常契合我的写作风格，我正在写作以此为素材的长篇小说《普爱山庄》。

我怀着浓厚兴趣两次拜访了总部负责人和辛特布吕尔儿童村。有趣的是，原先以为会见到许多"妈妈"，不想却认识了几位"爸爸"。

SOS 儿童村最早的"爸爸"、创始人格迈纳尔先生已经长眠于因斯布鲁克，我从他的照片上那天使般的微笑认识了他。第二次世界大战结束以后，年轻的军医格迈纳尔看到大批战争孤儿流落街头，决心献身给孩子们。他从只有 60 先令起家，经多方奔走，在因斯布鲁克创建了世界上第一个儿童村。"SOS"是世人皆知的遇难呼救信号，他以此命名儿童村，是在呼吁全世界善良的人们都来援助孤儿们。30 多年过去了，他成了白发老翁，为了孤儿们终生未婚，但他已经有了 5 万个孩子！SOS 儿童村总部设在他的伟大事业的起点因斯布鲁克，那里有他的纪念碑。他把无私的慈爱留给世人，自己则和阿尔卑斯山的森林、雪山、湖水融为一体了。

热爱自然的奥地利人

现任 SOS 儿童村总部主席的库廷先生接过了格迈纳尔的事业。他指着格迈纳尔与第一代儿童村孤儿的合影说:"这就是我。"

我怎么也不能把照片上的瘦弱孤儿和眼前高大的库廷先生结合起来。库廷先生也早已到了当爸爸的年纪,不知是受恩师影响还是某种巧合,他也是个单身汉。库廷先生非常热爱中国,为援建儿童村四次来中国,亲自为天津的儿童村铲土奠基。

记得那天库廷先生一见到我,就用准确的中国话说:"你好!"大概他只学会这么一句中国话,在告别时他也举起手大声喊:"你——好!"

我和大使馆的赵先生听了哈哈大笑,他不明白我们笑什么,仍然摆着手道别:"你好——你好——"

他听说我是天津来的，立刻指着画册上的天津儿童村给我看。我转达了天津的孟丽华村长等朋友对他的问候。他很高兴地谈到，天津儿童村的"妈妈"庞惠丽等朋友连夜为他缝制了一件真丝中式上衣，第二天他就穿着去北京了。他说他很喜欢那件衣服，同时称赞天津是一座美丽的城市。

库廷先生幼年时受过很多苦，到处流浪。他曾作过演讲，回忆自己的孤儿生活，听的人都流下热泪。他说："要不是格迈纳尔先生，我会变成另外的人。是儿童村把我培养成人。"

他亲自抬着格迈纳尔的棺木安葬了伟大的"爸爸"，并忠诚地继承了担当全世界5万多名孤儿的"爸爸"的神圣职责。

布莱西特先生也是儿童村的"爸爸"之一，是儿童村总部的秘书长，曾随库廷先生一起来为天津的儿童村奠基。我第一次访问儿童村总部时，他热情地接待了我，亲自开车陪我到辛特布吕尔儿童村参观。这个坐落在维也纳森林里的儿童村幽静漂亮，许多童话般的尖顶楼顺着山坡而建，森林、草坪葱翠，苹果花盛开，不少孩子在山坡上嬉戏，真是一座儿童乐园。布莱西特先生还是一位作家，著有厚厚的《格迈纳尔传》，并签名赠予我留作纪念。

库廷主席选拔的一个年轻助手名叫理夏德·皮希勒尔，这位英俊干练的小伙子是儿童村养大的第二代孤儿。他的年龄还不足以当"爸爸"，权且作为"哥哥"吧！我问库廷先生为什么选择了这条道路，他郑重地说："在各国的文化阶层中，都有那么一小部分人出于信仰愿意放弃个人幸福生活，立志将自身献给别人。中国在这方面的传统就更深一些。"

他说得一点也不错。

游美泉宫话旧

刘光耀（中国前驻慕尼黑总领事）

富丽堂皇的美泉宫坐落在奥地利首都维也纳市区的边缘。它曾是几代奥皇的宫殿。奥地利历史上许多重大事件都和美泉宫直接或间接相关。现在，美泉宫已成了闻名遐迩的旅游胜迹，每年吸引着数以百万计的游客。

宫名由来

"美泉宫"这一名称是意译，指有美丽泉水的宫殿。因为它所在的那个地区山清水秀，森林密布，气候宜人，所以也称夏宫。

相传公元14世纪时，维也纳的西南地区被郁郁葱葱的森林覆盖着。那里野兽出没，人迹罕至。后来有一个名叫迪特玛·茨维科尔的人，勇敢地深入密林，独辟一处，开设了一座磨坊，从此那里出现了缕缕炊烟。他死后，又有一些猎人在森林中修建了一座城堡，他们留居下来，过着几乎与世隔绝的传奇般的生活。

1629年前后，一个名叫赫尔曼·麦尔的法官在这块密林中为皇室建造了一座小宫殿。原来的城堡和小磨坊也随之而成为皇室的财富。

奥皇马克西米连二世喜欢狩猎，他在那座旧城堡附近修建了一座动

维也纳美泉宫（奥地利旅游局供图）

物园，饲养着各种珍禽异兽。他的继位人马蒂亚斯有一次狩猎，在干渴中找水喝，意外地在一丛林隐之处发现了一股清凉甘甜的泉水。奥皇和侍从们解渴之余，亲切地称它为"美丽的泉水"，美泉宫因此而得名。

我去游览美泉宫那天，在泉边服务的一位年逾八旬的奥地利老太太热情而自豪地对我们说："这里的泉水清凉可口，营养丰富。常饮此水，能清心明目，延年益寿。来到这里不看看这美丽的泉水，那就不算真正到了美泉宫。来到美泉边而不亲口喝点泉水，那就不会真正理解美泉的意思。"我好奇地饮了一杯，果然，名不虚传。我这才真正体味出"美泉"的含义。

维也纳的"凡尔赛宫"

在欧洲，人们总喜欢把美泉宫与法国的凡尔赛宫相提并论。这是不无道理的，因为 18 世纪 40 年代，著名女王玛丽亚·特蕾西亚曾耗费巨资按照巴黎凡尔赛宫的式样大规模扩建了美泉宫，使之颇具凡尔赛宫的美貌。美泉宫的规模虽不能与凡尔赛宫相比，然而在环境优美和静雅方面却是毫不逊色的。

美泉宫是一座巴洛克式和洛可可式相结合的建筑，共有 1200 多个房间，殿宇嵯峨，室内金镶玉雕。天花板和墙壁上的巨幅绘画生动反映了许多神话故事和古代战斗场面，所绘人物栩栩如生。几乎每个房间都有着精美考究的家具、华丽的吊灯和色彩调和的各种摆设。房间的角隅，常有一两米高的巨型花瓶，镂金饰银，造型优美。

走上二楼，可以看到弗朗茨·约瑟夫皇帝的卧室。床边设有一个考究的盥洗台。再往前走便是用洛可可镜子装点的明镜室。进入明镜室，极目望去，无边无际，半真半幻，如在迷境。在以著名画家罗莎的名字命名的"罗莎室"旁边，是一呈圆形的不大的中国室，这里有各式各样的精致的花瓶。镶木的地板和天花板也美极妙绝。当年女王玛丽亚·特蕾西亚和帝国首相考尼茨经常在这里会谈或召开重要会议。这个房间的独特之处是，由于结构上的原因，只要把门一关，不要说站在远处，就是人们用耳朵紧贴着门缝，也听不到里面的交谈声。宫殿里的"百万盾室"也很令人瞩目。据说，为修建这个房屋，共花去一百万盾，故得此名。房间的墙壁是用贵重的玫瑰木制作的，而且刷了一层纯金。

宫殿正面是一个宽阔的广场，广场两侧是两排整齐的房屋。宫殿两边两个小巧的花园，是当年专供太子和公主们玩耍的场地。殿后还有一个大花园，园中的八个大花圃里种着奇花异卉，暗香缭绕。花圃尽头的小山坡上草坪如茵，曲曲小径逶迤而上。山顶上有座雄伟的希腊式建筑。站在那里极目远眺，维也纳风貌一览无余，令人心旷神怡。走下山来，进入大花圃两侧的菩提树林中，便会看到那一条条成辐射形的错落有致的林荫大道。树林中每隔一段就有一尊雕刻石像点缀其间。那美丽的泉水便藏在这密林深处，它给整个宫殿增添了生命的活力与恬静的风采。

女王故居

美泉宫是奥地利历史上著名女王玛丽亚·特蕾西亚生活、执政和娱乐的地方。

玛丽亚·特蕾西亚的父亲是奥皇卡尔六世，无男嗣。为了不使奥地利哈布斯堡王朝的大权旁落，他于1713年颁布了《国本诏书》，明确规定女性也可以继承王位，从而确保王朝后继有人。1740年，卡尔六世去世，他的长女、年仅23岁的玛丽亚·特蕾西亚继位。

玛丽亚·特蕾西亚1717年诞生在霍夫堡宫。九岁时她认识了洛琳王室派往维也纳宫廷学习的王储弗朗茨·斯特凡。两人后来结为夫妇。玛丽亚·特蕾西亚登基后，她的丈夫弗朗茨·斯特凡于1745年当选为德意志民族神圣罗马帝国皇帝。随之，玛丽亚·特蕾西亚成为皇后。

玛丽亚·特蕾西亚虽然生在霍夫堡宫，但却酷爱郊外的美泉宫，于是便迁居于此，并在这里执政达40年之久。在她的治理下，奥地利保持了作为一个世界大国的地位。

玛丽亚·特蕾西亚登基于危难之际。她继位时奥地利国力已衰，内政外交面临重重困难。许多人对这位年轻女子能否坐稳王位表示怀疑。

尽管卡尔六世生前曾颁布了《国本诏书》，有些侯国仍对此置之不顾。普鲁士国王威廉二世首先发难，1740年底即出兵进攻奥西北部地区。大军压境，女王坚定沉着。她号召臣民起来保卫国家，决不向敌人投降。她一方面保卫帝国疆土，另一方面在国内进行了一系列改革。

玛丽亚·特蕾西亚非常喜欢诗歌、音乐和舞蹈。著名的奥地利作曲家莫扎特六岁时常随父亲来到美泉宫为女王演出。他的精彩演出轰动了皇宫。女王看完演出后，赞不绝口。这时，小莫扎特向女王跑去，扑在她的怀里。女王把他抱起来吻了又吻。另外，德国著名诗人莱辛也曾访问过皇宫。

拿破仑的"二进宫"

18世纪末到19世纪初，法国大革命的浪潮冲击着欧洲大陆的其他国家。在法军进攻下，古老的奥地利帝国摇摇欲坠。1805年11月13日，法国攻占维也纳，拿破仑把指挥部设在美泉宫。在此停留八周后，他才离开美泉宫。之后，他在著名的奥斯特利茨战役中把俄普奥联军打得惨败。随后，拿破仑迫使奥地利签订了《普莱斯堡和约》。他野心勃勃地施用种种手段，强迫奥地利的弗朗茨皇帝摘下了德意志民族神圣罗马帝国皇帝这顶皇冠。从此，长期有名无实的德意志民族神圣罗马帝国宣告解体。

1809年10月12日，拿破仑再次来到美泉宫，并在那里举行了盛大的阅兵活动。阅兵活动结束后不久，拿破仑便迫使奥皇签订了《美泉宫和约》。

"罗马王"病殁于此

《美泉宫和约》签订后，奥地利山河破碎，国力大衰。刚上台的帝国外交大臣梅特涅施用联姻之计，把奥皇公主路易丝嫁给了拿破仑。1810年3月11日，婚礼的宗教仪式在维也纳举行。随后路易丝来到了法国。拿破仑决定把他们婚后生的太子封为"罗马王"。1811年3月20日，王储弗朗索克出生。

时序更迭，风云变幻。几年后，拿破仑从俄国大败而归，又在莱比锡城下被奥军司令施瓦岑贝尔格（又称黑山将军）指挥的俄普奥联军打得惨败。法军节节败退。1814年3月31日，联军攻占巴黎。4月4日，拿破仑让位给其子。

这时，在外力的巨大影响下，路易丝和拿破仑疏远了。她带着年仅三岁的儿子，怀着极其痛苦的心情离开了拿破仑返回维也纳，居住在美泉宫。

随着年龄和知识的增长，小"罗马王"开始知道他父亲曾是一个叱咤风云的人物。他极其怀念并崇拜他的父亲。他立志深入研究他父亲的思想，决心干出一番大业，但不幸得了当时的不治之症——肺结核。21岁那年，他病逝于美泉宫，而且还是在他父亲1809年住过的那个房间。

维也纳会议的舞场

俄、普、奥、英等国联手打败拿破仑后，为了恢复欧洲封建秩序，于1814年9月至1815年6月召开了著名的"维也纳会议"。老谋深

美泉宫大画廊（奥地利旅游局供图）

算的梅特涅说服奥皇让出包括美泉宫在内的一部分皇宫和府邸，供与会各国代表寻欢作乐。奥地利为了达到政治上的目的，不惜花费大笔金钱，几乎天天设宴，除了美味佳肴的款待外，还精心挑选了一大批经过训练的名媛闺秀陪与会国代表饮宴跳舞，伺机替梅特涅刺探情报。梅特涅则在宫外大耍纵横捭阖的外交手段，操纵会议。

今天，每当步入美泉宫那宽阔的舞厅时，人们就会谈起当年这段历史。

末代皇帝在此退位

1916 年,第一次世界大战仍在激烈进行,86 岁的奥匈帝国皇帝弗朗茨去世。他 1830 年诞生于美泉宫,18 岁登基,执政 68 年之久。

老皇帝去世后,卡尔皇帝继位。年轻的卡尔皇帝面临着一大堆难以解决的问题。由于连年战争,国内田园荒芜、哀鸿遍野。阶级矛盾和帝国内各民族之间的矛盾空前激化。

1918 年 10 月 21 日,帝国内德语区居民的代表在下奥州议会大厅里集体宣告成立"独立的德意志奥地利国家临时国民会议"。这时,帝国统治已是"日薄西山,气息奄奄"。卡尔皇帝指示帝国最后一任外交大臣安德拉西解除了同德国缔结的盟约,企图脱离战争,苟延自保,但为时已晚。10 月 27 日,他在给美国总统威尔逊的照会中明确表示愿意按协约国条件单独媾和。

1918 年 11 月 11 日,卡尔皇帝在美泉宫发表声明退位。次日,奥地利共和国宣告成立。此前延续了 600 多年的哈布斯堡王朝寿终正寝,奥匈帝国彻底退出历史舞台。自此,奥地利历史进入了一个新的发展时期,美泉宫的历史也翻开了新的一页。

后记

时光真如白驹过隙。至 2021 年 5 月 28 日，中国与奥地利建交就 50 个年头了。为纪念中奥建交 50 周年，中宣部五洲传播出版社与外交部老干部笔会决定联合编辑出版"我们和你们"丛书之《中国和奥地利的故事》，并委托我作为该书主编组稿，本人感到非常荣幸。

20 世纪 60 年代，我在高中毕业后受政府委派到民主德国留学，先后在德国学习工作长达 20 年，经历了柏林墙倒塌、东西德统一。接着，我被派往中国驻奥地利大使馆，担任政务参赞，后于 2000—2007 年担任中国驻奥地利大使，共计在奥地利工作生活了 11 年之久。我对这个国家及其人民印象良好、感情深厚，在各界结识了许多朋友。

奥地利位于欧洲中部，是阿尔卑斯山脉东麓下的一个小国，面积 8 万多平方公里，人口 800 多万，其中以奥地利民族为主，国家工业发达，人民生活富足。奥地利风景如画，民风淳朴，历史悠久，故事多多。

奥地利从中世纪末期到第一次世界大战结束前，一直是欧洲大国之一，更是控制中欧近 700 年的哈布斯堡王朝所在地。自 1278 年由哈布斯堡家族统治起，奥地利大公国便是神圣罗马帝国的权力核心。拿破仑战争期间，神圣罗马帝国土崩瓦解，弗朗茨二世皇帝建立奥地利帝国。一战后帝国解体，成立共和国。1938 年奥地利被纳粹德国吞并，1945 年被盟军占领，1955 年重新获得独立，同年宣布永久中立。1995 年加入欧盟的奥地利，是高度发达的工业国，人均国民生产总值约 5 万美元。

目前，维也纳还是几十个国际组织所在地，如联合国机构、国际原子能组织、欧安组织、石油输出国组织等。

中国与奥地利的交往源远流长，尤其自建交以来，双方堪称和而不同的典范。中奥国土面积和人口数量相差巨大，历史和文化背景各不相同，社会制度和发展阶段差异明显。但是，两国互补性又很强。中国市场巨大，改革开放以来经济蓬勃发展，实力进一步增强，资金技术需求不断扩大；中国又是联合国安理会常任理事国，在国际事务中发挥着重大作用。奥地利人民友善，国家虽小，但在资金技术方面实力雄厚。双方互相尊重，求同存异，共同努力，在过去的 50 年里，在政治、经济、科技、文化等各方面，真正做到了互利共赢。难怪奥地利前总统、我们的老朋友海因茨·菲舍尔先生常对我们说，奥地利议会里有 5 个政党，它们往往在许多重大问题上存在严重分歧，但唯独在发展对华关系上态度一致。

中奥友好合作关系 50 年的成功顺利发展，是两国政府和人民共同努力的结果。作为中国前驻奥地利大使，请允许我对所有为中奥双边关系不断发展作出贡献的人们表示感谢。应邀参加本书撰稿的中奥朋友，只是他们当中的一小部分。作者队伍中有资深外交官、企业家以及文化、教育、社会团体等各界人士，他们以自己的亲身经历，分别从不同角度，讲述了两国友好合作关系 50 年的大发展、小故事。我们还邀请到了冯骥才等著名学者，分享他们对奥地利的印象和思考。

最后，衷心感谢中奥两国现任特命全权大使拨冗为本书作序并撰稿。

借此隆重纪念中奥建交 50 周年之际，让我们共同为弘扬中奥两国人民的传统友谊而努力，张开双臂迎接下一个 50 年中奥关系更加辉煌的长足发展！

卢永华

2021 年 2 月于北京